盈得

与百位领航者
探寻教育创新

SPM 南方出版传媒

全国优秀出版社　全国百佳图书出版单位　广东教育出版社

·广 州·

图书在版编目（CIP）数据

盈得：与百位领航者探寻教育创新 / 于盈著. — 广州：广东教育出版社，2021. 7

ISBN 978-7-5548-4164-8

Ⅰ.①盈… Ⅱ.①于… Ⅲ.①家庭教育 Ⅳ.①G78

中国版本图书馆CIP数据核字（2021）第133409号

责任编辑：林检妹　刘琳琳
责任技编：杨启承
装帧设计：邓君豪　陈宇丹
封面设计：张斯林

盈得——与百位领航者探寻教育创新
YING DE——YU BAIWEI LINGHANGZHE TANXUN JIAOYU CHUANGXIN
广东教育出版社出版发行
（广州市环市东路472号12—15楼）
邮政编码：510075
网址：http://www.gjs.cn
广州市岭美文化科技有限公司印刷
（广州市荔湾区花地大道南海南工商贸易区A幢）
787毫米×1092毫米　16开本　17.5印张　350 000字
2021年7月第1版　2021年7月第1次印刷
ISBN 978-7-5548-4164-8
定价：68.00元
质量监督电话：020-87613102　邮箱：gjs-quality@nfcb.com.cn
购书咨询电话：020-87615809

人生之路比升学之路更重要

目　录

01 | 巨变
——巨变时代，我们都是亲历者！你准备好了吗?

02 | 启发
——玩乐中见智慧，善启发的父母最可贵

03 | 放手
—— 以同伴心态与孩子一起体味成长的甘苦

04 | 陪伴
—— 于无声处，体悟家庭教育中的"要"与"不要"

05 | 引领

——引领正向价值观，与孩子践行"得"与"赠"的幸福守则

06 | 憧憬

——打破"平均"，摒弃"单一"，让教育重回本真个性

推荐序1

李泽湘

香港科技大学教授、深圳科创学院发起人

保持热情，做教育创新路上的实践者

同于盈相识是通过她于2017年在凤凰卫视创办的一档访谈节目《领航者》。我看到该节目采访的嘉宾都是全球各个领域的顶尖人物，对未来发展趋势颇有洞见，于盈与他们对话时丝毫不犯怵，即便是对智能驾驶、基因科技这样生涩的"硬科技"领域，于盈也能落落大方、应对自如，所提问题能抓住该领域的关键和核心，和嘉宾有思想的交流与碰撞，而不是简单的一问一答，还不时抛出自己的见解和感悟，可见于盈在采访前做足了功课。

有一次，我看了《领航者》关于教育的系列访谈，其中分享了全球走在前沿的若干教育工作者以及海峡两岸与香港的学校对于未来教育的理念和对于创新教育的探索实践。这与我一直思考如何更好地推动创新教育的想法合拍，也对于盈在节目中分享的内容和她从这些领航者身上收获的感悟很感兴趣，便约了她见面交流。第一次见面便相谈甚欢，大有相见恨晚之感。之后我接受了她的采访邀请，对她有了进一步的了解。

该访谈节目播出之后，我们有了更多的交流，几番交谈下来，我了解到于盈对推动中国教育体制的改革创新充满热情。多年来我形成了一个习惯，每认识新的年轻人，总让他们做点小事情，从中观察他们做事情的态度和办事能力。我发现每次让于盈帮忙做点事情，她都爽快答应并快速努力地把事情做好，是个会说也能干的行动派。我觉得她与我是志同道合之人，对教育改革创新问题的思考方向也颇为一致，于是就邀请她参与我当时在香港着手筹办的一个创新中学项目。

2020年下半年，于盈举家从香港搬到深圳居住，当时我刚开始在深圳得到市、区领导的鼓励支持，着手筹建全新机制的深圳科创学院，试图在这片土地上挖掘培养更多的创新创业人才，我自然想到了邀请于盈一起筹办这个全新事业。我跟她说，不能只做创新教育的观察者与思考者，还要在更大范围做一个切实的实践者，在实践中加深学习与思考。于盈接受过中西方顶尖学校的教育，拥有经济金融、公共政策、媒体等多方面的工作经历，更是通过《领航者》节目走访了国内外许多著名学校，遍访全球各领域顶级创新创业人才，对美国硅谷和以色列的科技创新生态有自己的观察视角与研究，我相信她开阔的视野和广泛的资源能为深圳科创学院带来更好的发展。筹建深圳科创学院半年来，她用创业者的心态，善于以问题为导向，快速组建团队，和大家友好合作共事，扛起了学院创业阶段筹办工作的重担，既有战略层面的思考高度，又推动许多具体事情落地，不断给我带来惊喜。

于盈这本书里集结了《领航者》节目中所采访过的60多位嘉宾的成长案例和洞见精华，加以她自己富有远见的解读和深刻感悟，以及作为三个儿子的妈妈在现实生活中的育儿摸索与体会，既有前沿的教育理念，又有实际的落地实践。于盈在工作上的认真敬业、一丝不苟我已耳闻目睹，看了她这本书稿，更进一步了解到她在育儿上也有如此卓越的见地、摸索与成效。她的工作十分繁忙，在兼顾电视节目的同时开设了时间管理的线上音频课程，并撰写这本书，还与我一同操持深圳科创学院各项筹备工作的大小事宜，同时还养育三个儿子，哪件事情都极费时间和精力，而于盈在每件事情上都尽心尽力争取做得尽善尽美。我深深觉得她是一位非常伟大的母亲。为了白天有更多的时间陪伴孩子，她常常将半夜睡眠的时间用来工作，更加高效地去安排自己的日程，精力之旺盛实在令我佩服。于盈结合国际最前沿的教育理念，在教育孩子这条路上摸索出了自己的一套感悟体验和方法。我相信不论是孩子的父母，抑或是学校的老师，还是走在自我摸索成长道路上的学生，都能从这本书中得到启发，领悟与传统教育不一样的创新教育的魅力。

在这本书中，于盈融合全球各个领域顶尖人物的洞见和自己的亲身经历，总结出对创新教育的认识和感悟，不论是从母亲的角度，还是从教育工作者的角度，这些都是非常宝贵和有价值的分享。我期待在与她共同创办的深圳科创学院中，将她的这些见解付诸实践。

随着我们走入智能经济时代，中国的产业发展也进入了深水区

保持热情，做教育创新路上的实践者

或无人区，跟随和模仿已经不足以支撑我们继续突破前行。中国经济需要把重心转向研发核心原创技术，并迅速将其产业化。智能时代的人才培养已成为新时代最重要的课题，也是中国能否具有可持续发展动力的关键因素，只有不断创新才能引领我们大步前行。深圳科创学院的创办是增强拔尖创新人才培养能力的内在要求，是深圳和大湾区创新驱动发展战略特别是产业优化升级的迫切需要，是我国开辟"新工科"教育、创建系统的科创教育体系以及培养拔尖创新人才新路径的探索。当然，学院才刚迈出第一步，未来之路还很漫长。我与于盈谈过，学院要走一条不一样的创新之道，必将遇到重重困难和坎坷，但我们会坚持探索，笃行不怠。

最后，我相信读者阅读这本书后，将了解更多关于创新教育的理念和具体实践方法，在家里、在学校开展更多的大胆尝试。我期待大家能共同加入创新教育的探索，一起推动社会的发展与进步！

推荐序 2

郑泉水

清华大学钱学森力学班首席教授、深圳零一学院发起人

从"0"到"1"，从"培养"到"陪长"

认识于盈是在深圳市举办的全球青年人才研修班上。我们在讨论中敞开思想交流，产生了许多共鸣。之后与她有了更多的接触和交流，知道她对创新教育充满热情，并有许多自己的见解和感悟，愿意投身于这个事业。她表示全力支持我创办的深圳零一学院，并为学院的筹办贡献了不少颇为创新和务实的建议，我们成了志同道合的忘年之交。

近日，于盈将其新作《盈得——与百位领航者探寻教育创新》书稿送我审阅。我一口气读完全书，爱不释手、启发良多，产生不少思想共鸣。书中呈现了大量凤凰卫视访谈节目《领航者》嘉宾的案例，结合她本人和三个儿子的成长经历，阐述了对未来教育的畅

想，交叉印证了她与百余名分布在全球科技、教育、大健康、金融等领域取得杰出成就的领航者的人生成长轨迹和洞见，可读性高、说服力强、启迪深刻。我相信，于盈这本书对于迫切希望走出目前教育困局的校长和教师，以及心心念念帮助孩子幸福健康成长的年轻父母，尤其具有启发、参考和学习借鉴的价值。此外，通过这本书，我对于盈以及她教育情怀的缘起有了更深入和全面的认识，也特别喜欢她的三个孩子。透过他们这个小家庭，我对破解"钱学森之问"、让教育重归本质、培养更多的创新型人才成长看到了更大的希望。书中领航者的思想和实践，不仅是对我四十多年探索实践的印证，也丰富了我的认识。为此，我真诚地向读者们大力推荐这本书。

诚如于盈在本书以及多次与我交谈所言：人类正处于科技进步日新月异的巨变时代，过去的教育模式已难以适应当下和未来对人才的需求，必须坚决果断地探索、改革和创新现行的教育体系。以我个人十多年从事清华大学钱学森力学班拔尖创新人才培养的经验和感悟，我对此深表赞同。

"为什么我们的学校总是培养不出杰出人才？"这个著名的"钱学森之问"一直以来直指我国高校教育和科研体制的短板和弊端，振聋发聩、醍醐灌顶，在我国教育界有识之士的脑海中盘旋和鸣响。进入21世纪后，互联网和人工智能等新兴技术，正加速将人类带到从未面临过的一个"奇点"：智力被非人类全面超越，导致对教育的核心需求产生了千百年来最大的一次变化：从知识传授转为创新能力培养和个性化培养，且这一转变到来的速度和范围都远远超过预期。从而，破解"钱学森之问"迅速成为在国际新一轮科技进步竞争中赢得主动权的战略举措和迫切任务。

怎样才能找到一种新的培养模式，把学生的个性和创新力充分发挥出来呢？我一直思考这个问题，并于2009年在清华大学创建了钱学森力学班（下简称"清华钱班"）。经过十余年探索实践，清华钱班师生通过不断迭代演进，以"问题—天赋—教练"三要素汇聚为核心抓手，辅以"进阶研究—精深学习"系统，初步探索了一个人才培养的新模式，取得了拔尖创新人才培养范式从零到一的突破。其毕业生在清华大学、美国麻省理工学院等海内外顶尖高校和华为技术有限公司等顶尖高科技企业中取得了良好声誉。此外，清华钱班模式还影响带动了国内一流高校和中学着手构建科技创新时代的培养体系。

清华钱班经十余载实践，摸索出以下几条可以推广复制的经验：

1. 创新人才培养要突破按专业分科的限制，尤其是不要过早走上专科培养的道路，让学生具备多学科交叉、文理综合的背景和视野。

2. 让学生接触产学研前沿的重大问题，引导其将个人的人生追求与重大问题相互共振，激发其探索欲望。

3. 导师与学生不是师傅带徒弟的关系，而是导师以顾问和研究伙伴的身份，鼓励学生大胆探索前沿未知领域；不同专业背景的导师组成导师团，创造跨学科讨论研究的学术氛围。

4. 建立面向创新能力提升的正反馈激励机制，弱化原有的考试检验机制，代之以中长周期评价。

这与于盈在书中分享的未来社会对人才素质提出的要求和未来

学校的改革方向不谋而合。

2020年9月，在保持清华钱班原有建制的同时，清华大学在全校推广钱班模式，已在1/3的本科新生中试行三要素汇聚教学模式，扩大拔尖创新人才培养的规模，并在校内筹建零一实验室，统筹校内创新人才培养的相关工作。同时，我与香港科技大学教授李泽湘商定，在深圳分别创办深圳零一学院和深圳科创学院，探索科技创新与创业的协同发展，旨在孕育一个用全新体制机制办学的创新创业拔尖人才培养机制。这一构想很快得到了深圳市委、市政府和区领导的支持，已被列入深圳市十四五规划，现正紧锣密鼓地筹建，将于2021年9月招收第一批学生。

教育创新之路任重而道远，感谢于盈加入我们创新人才培养新范式的探索之路，也热切盼望越来越多有理想有抱负和有能力有毅力的教育工作者和青年学生加入创新教育行列，共同为我国抢占第四次产业革命制高点而努力！

自序

人生之路比升学之路更重要

坦白说，身为一名母亲，每每谈到孩子教育问题，我也常有困惑，有时候碰到一些难题，也会手足无措。2020年3月，小儿子的顺利出生让我升级为三个宝宝的妈妈。朋友们听到这个消息几乎异口同声地问："你工作这么忙，怎么还生了三个孩子，他们的陪伴与教育你能兼顾过来吗？"

大概从当上妈妈开始，我几乎见人就会聊起"教育"这个话题，毕竟望子成龙、望女成凤是每一位家长的心愿。我也和大多数家长一样，有时会对如何教育孩子感到焦虑。我常常听到家长的抱怨，也在网络上看到不少家长逼孩子做功课的视频，有攥着鸡毛掸子的，有气到摔笔的，有父母轮番上阵监督孩子做作业的，而这时候的孩子，或是低头不语，或是耍赖对抗，或是战战兢兢。学习，成了家长和孩子都感到畏惧的事情。大量的作业与无休止的考试给家长和孩子带来了很大压力。孩子们经常晚上做作业做到10点、11点，第二天还得强打精神继续新一天的学习……这一幕幕几乎每天都在上演。然而，父母在付出了很多，花了大力气把孩子送进好的学校后又怎样呢？寒窗苦读十数载后，有些人失去了学习的热情，有些人迷惘困惑不知道自己想干什么，有些人遇到困难挫折便轻言放弃，更多的人走出校门后没有找到自己喜欢的工作，还有些人一辈子不知道自己的人生意义何在……

"不能让孩子输在起跑线上！"这个深入人心的观念，使得孩子之间的竞争一再往前赶，几乎在他们尚未出生便开始了——婴儿在母亲腹中已开始了胎教，尚年幼的孩子被父母带去参加面试，争取上一所好的幼儿园。对许多家长而言，上一所好的幼儿园是孩子走向成功人生的第一步，意味着孩子有更大概率进入好的小学。接下来的升学逻辑就貌似顺理成章了：进入好的小学意味着有更大可能考入好的中学，考进了好的中学则意味着更有可能考入好的大学，从好的大学出来又意味着有更大的可能找到一份体面而又收入高的工作……我还是一名初中生时，看着身边的哥哥姐姐纷纷踏上这条弥漫着雾气与未知的考学之路，常常自问：这难道就是自己未来10年青春里注定要走的路？

在现行教育体系下，许多家长认为孩子的童年至青年时代就是一场接一场的大考，他们只有不输在起跑线上，才能成为人生竞赛的赢家。舆论的刺激与社会氛围交织出一张无形的大网，网住了父母也绑住了孩子。除了千方百计让孩子上好学校，许多家长还给孩子报名参加各种补习班、兴趣班，把孩子的所有时间填得满满当当，似乎只有这样，才算是尽到了家长的职责，才能保证孩子未来的人生之路畅通无阻。当我接儿子放学时，听到身边家长们在讨论孩子的学习成绩和参加课外班的情况，我有时也会下意识地反躬自问，自己的教育方式是否正确？会不会耽误孩子的前途？我相信，怀有类似压力的家长朋友应该不在少数。与此相伴而来的，是家长和孩子都陷入了一个又一个激烈竞争的旋涡之中，将长达近20年的时光掷在一直忙忙碌碌奔跑的路上，不由自主地陷入内卷的煎熬与痛苦之中。

随着反思的逐渐增多，我也常想，培养孩子的目标到底是什么？是希望他们能上好的学校，然后在未来能找到谋生或是赚钱的工作，过上富足而有尊严的生活？还是希望他们可以成就一番事业，对社会做出贡献？抑或是希望他们找到自己所爱，过上内心充盈而有意义的人生？这些美好的目标，是否能同时兼得？

今天我们进入了一个全新时代，社会亟须更多的创新型人才。那么，正在大步走来的未来究竟有一个怎么样的社会？创新对孩子的未来有多重要？我们希望孩子走一条不断探索创新但风险比较大的道路，还是希望他们走上一条人生较为平淡但稳定、风险系数较低的道路？从孩子小时候起我们就教导他们要听话，但又鼓励他们要敢于质疑和挑战权威，敢于创新，敢于走前人没有走过的路，如何把这两个方面统一起来？创新教育是否一定与传统教育相悖？能否用创新的方法来教授那些必备的基础学科知识和多种技能，让学习的体验更加愉悦呢？学习究竟是帮助孩子进入好学校、获取好工作并得到社会认可的工具，还是孩子与生俱来的需求、欲望和内在兴趣的表达以及人生目的本身？许多家长愿意花时间陪孩子玩，那么让孩子玩什么、怎么玩才能启发孩子的好奇心，引导他们找到自己的兴趣和激情所在？家长什么时候应该对孩子放手，让孩子自己去探索和做决定？什么时候应该悉心呵护孩子？让孩子在成长中吃苦磨炼、经历挫折失败和挑战自我的考验，往往违背家长"护犊"的本能，应该如何把握两者之间的分寸？如何维持良好的亲子关系，让影响孩子的窗口一直存在？在日常生活中如何引领孩子塑造健康向上的价值观，帮助孩子找到人生的意义？

对于这一连串问题，我也曾有过困惑和焦虑，也希望能帮助我的三个儿子长大后更好地在竞争激烈和快速变化的社会中立于不败之地。这些问题其实并没有标准答案，每一位家长都有自己的思考和体验，而我也开始了自己的思考与摸索。

2017年初，我在凤凰卫视创办和主持《领航者》节目并兼任制片人。4年多来我采访了在科技、教育、大健康和金融等领域走在全球最前沿的120多位领航者，由此近距离观察到世界巨变的趋势和对教育及人才培养提出的新要求，得以用更宽广的视野，站在巨人的肩膀上去思考教育的未来和今天应着手做的事情，为即将到来的社会变化做好准备。科技正在以前所未有的速度改变和颠覆着我们的生活，社会成员获取知识和信息的门槛越来越低，我们所学的相当一部分"旧知"很快会被迭代淘汰，以单一灌输知识为主的教育模式已经跟不上时代发展的步伐；新科技颠覆了很多产业，又催生了许多新行业，这就要求人们强化终身学习的理念和自我驱动力；决定一个人能在人生之路飞多高、走多远，主要是人的能力与品格，而不仅仅是知识；全球挑战愈加复杂严峻，需要创新思维、跨学科视角和协作共赢的态度去解决。以适应配合第二次工业革命的需求所创立的、以培养流水线工人为主要目标的教育体系，130年来未经历大的变革。进入智能时代，我们不再需要100个人机械式地完成100件一样的任务，而是需要100个人发挥自身所长，做100件不同的事情，这就在客观上要求挖掘每个人独特的天赋和优势，帮助每个人找到自己的兴趣和激情所在，从而在各个领域做出独一无二的东西。如不变革原有的教育体系，则意味着孩子接受过去的教育内容和方式，却要面对未来社会的问题，显然是教育方式与时代需求的错配，须加以变革。人们常说，不能让孩子输在起跑线上，在某种程度上此言不假，其实更重要的是，不能让孩子选错了跑道，跑错了方向！

强烈的责任感和紧迫感驱使我去和更多人分享自己所了解到和正在思考的一切，并赋予我足够的动力与满满的精力，潜下心来撰写我的第一本书，使我第一次完整地思考教育、回望过往人生和展望未来。写书的过程对我来说非常具有挑战性。我16岁从广州去美国读书后一直身处英文环境，直到27岁才重新执笔用中文写作，自感不是一个拥有深厚中文积淀的人。我从来没有学过教育学，在写作的过程中恶补很多教育类的书籍和资料。2020年上半年正值国内新冠疫情最严峻时期，我在临生第三个儿子之际开始了这本书的策划思考，小儿子出生后我每天忙于喂奶和辅导两个哥哥在家学习，只能在孩子们进入梦乡后进行写作，每天的睡眠时间少之又少。写书的同时，我还不能把本职工作落下，除了坚持制作和播出凤凰卫视《领航者》的节目，还加入了与李泽湘老师创办的深圳科创学院的全新事业，创业本就需要120%的时间和精力的投入……我之所以还坚持要写这本书，是因为我深感这些年采访的领航者拥有许多对于未来极其深刻的洞见，对于未来教育以及未来社会人才画像拥有许多共识，他们的成长过程也有着各种独特的经历，而许多领航者的成功很大程度上源于他们小时候父母不一样的教育培养方式。我深受他们的启发与鼓舞，努力争取成就更好的自己。在这个喧闹躁动的世界，我的内心逐渐淡定下来，从容摸索实践全新教育理念以培养好三个儿子，决心加入创新教育的赛道，为更多的孩子能更好地适应未来、为更多的孩子能真正过上幸福、有意义的生活做点什么。

因而，尽管写书对于我来说是个不小的挑战，但我仍非常希望把这些嘉宾对于未来教育的真知灼见、自己的感悟实践以及正在思考探究的问题与更多人分享，一起探讨怎样才能更好地培养适应未来的孩子，共同走出焦虑。毕竟，面对充满不确定性的未来，我们都是学习者，而如何帮助孩子找到自己想走的路，是我们每位父母都非常关心和必须正视的问题。

当然，每个家庭拥有不同的背景和环境条件，我在书中的分享不可能对所有人都适用，但我期待与你共同学习成长。如果你能够从这些分享中得到一些对于未来教育的启发，获取一点坐言起行、探索实践的动力和方向，就足以抚慰我写这本书的初衷和付出了。

01
|巨变

——巨变时代，我们都是亲历者！你准备好了吗?

在如今科技飞速发展的时代，年轻人在职业道路上很难再"从一而终"。

——约翰·汉尼斯

我们现在生活的世界被各种诱惑所包围，却缺乏良好的道德准则的指引。

——尼尔·弗格森

教育是要点亮火把，而不是灌满瓶子。

——徐扬生

巨 变

大儿子（8岁）

学校不见了，

老师到处在，

这就是我看到的

未来。

大儿子8岁时
的作品

"为探索引路，领航人生，洞见未来。"2017年初，我在凤凰卫视创办的全新访谈节目——《领航者》，正式扬帆起航。作为这档节目的制片人兼主持人，近4年来，我专访了在科技、教育、大健康和金融等领域走在全球最前沿的120多位领航者，深深地感觉到人类社会正处于巨变时代，我们看似熟悉的世界正酝酿着重大飞跃。借着做《领航者》节目的机会，我有幸与全球多个领域的顶尖领航者对话，得以站在巨人的肩膀上看世界，思考当下和未来。究竟巨变时代的发展趋势是什么？对人才素质提出了哪些新要求？这些新要求会推动教育体系发生哪些改变？许多领航者在访谈分享中不约而同地谈到了对于未来教育趋势相似的洞见，值得我们认真聆听和思考。身处巨变的时代，我们都是亲历者，你准备好了吗？

未来，已来

　　用"VUCA"这个英语缩写词来形容当今时代颇为恰当。我们今天所处的世界充满波动性（Volatility）、不确定性（Uncertainty）、复杂性（Complexity）和模糊性（Ambiguity）。人类正在迈进一个未知的世界——没有既定的答案或道路可以跟随，没人知道二三十年后的世界会变成什么模样，只知道届时会和现在大不相同。我们唯一可以确定的，就是未来充满不确定性。

科学技术正以前所未有的速度颠覆我们的生活。有人说，今天是我们一生中科技发展最快的一天，也是我们余生里科技发展最慢的一天。在这个正在发生剧烈变化的时代，云计算和大数据技术提供了空前的数据存储和计算能力；移动互联网覆盖了大部分人类活动的区域，把地球上一半以上的人紧密地连接在一起，改变了无数人的生活；人工智能将把人类身边绝大多数事物变得智能化，颠覆了人们的认知与生活；物联网在数字和物理世界之间架起了空前紧密联系的桥梁，让人类进入了"万物相连"的时代；区块链将重塑人类的信用和金融货币体系……在不远的未来，这几项超级技术的迅猛发展及相互促进，将会给各行各业和人们生活带来比工业革命更为深刻巨大的变革与影响。我们应如何未雨绸缪，帮助孩子们做好迎接未来的准备呢？

50%的工作即将消失？人工智能的"能"与"不能"

人工智能是当今最具颠覆性的科学技术。作为一种赋能技术，人工智能的加持可以使其他技术做更多事情，大大提高效率，是人类有史以来所发明的最强大的工具之一。

近现代以来，三次工业革命在很大程度上改变了我们身边的事物，但这次全球正在兴起的第四次工业革命将改变一切——从生产方式、商业模式，到经济形态、社会结构，再到人们的交往与生活方式甚至人类的认知方式，都将迎来一场前所未见的骤变。

1997年，一台由美国IBM公司生产的名叫"深蓝"（Deep Blue）的超级电脑战胜了国际象棋世界冠军。

2011年，IBM公司和美国德克萨斯大学联合研制的超级电脑

"沃森"（Watson）战胜了美国著名的智力竞答电视节目《危险边缘》的两名"常胜将军"。

2016年，美国谷歌的阿尔法狗（AlphaGo）以4：1总比分战胜了世界围棋冠军李世石。

2017年，代号为阿尔法元（AlphaGo Zero）的最强版阿尔法狗围棋机器人仅通过3天学习，就以100:0的战绩碾压了AlphaGo击败李世石的版本，让世人惊讶人工智能的飞速发展。

这些智能机器与人类之间的竞赛趣事，只是一个序曲。我们从中可以窥探到人工智能即将对人类社会发起的挑战与革新。依据阿尔法元的经验，智能机器依靠比人类强大得多的计算机算力、数据存储能力以及深度学习的能力，不再需要人类提供的知识积累，便可以在短时间内获得比人类更优的经验和技能。

如今，人工智能的身影已随处可见，智能机器在交通运输、农业、医疗与大健康、服务业及通信业等领域的应用越来越多。可以预测，在未来十至二十年时间里，我们身边大多数事物都将变得更智能化，人们在日常工作和生活中可能被具有不同功能的机器人围绕：工业人工智能将进入工厂，由它们去完成那些笨重、危险和重复性的劳动，解放大量生产线上的劳动力，并在提高产品质量的同时降低生产成本；智能机器人可以更加聪明地"看"到人和其他物体的区别，人脸识别技术将广泛应用于军工和民用等多个领域；人类与机器的互动方式将转向以语音为主，更多的智能设备走进家庭，机器将更加"懂"我们，并为我们提供更好的服务。

目前在许多国家，人工智能已开始进入人们的日常生活和工作，生产力得到极大提升，人们的生活变得更加方便和高效。未来，随着人工智能的进一步普及，人们的工作将发生巨大的颠覆。据专家预测，接下来的十几年，人类社会将有50%的工作极可能被人工智能所取代。

在《领航者》节目的采访中，对于人工智能将会取代哪些类型的工作，多位在各自领域拥有卓越成就的嘉宾们表达了相似的观点：那些简单、重复、枯燥、危险、以认知和记忆为主、讲求精准度和效率、属于中介类型的工作，最有可能被人工智能所替代。比如工厂流水线装配、商店里的收银工作、把箱子搬进仓库这样的机械性工作，或通过搜索引擎就能查找到答案的工作目前已经出现了由机器人代为完成的趋势。而某些复杂的，甚至需要聘用专业人士的工作，也可能会受到冲击，比如影像科医生解读X光片和诊断癌症的工作等，以后很可能也会由智能机器人代劳。

一方面，在不久的将来，更多善于发现新价值的人群将不再被工作所困，而是拥有充裕的时间和条件去做自己想做的事情，实现人力与脑力的解放。另一方面，人工智能在取代人类完成许多工作的同时，也将像19世纪的电力革命那样，催生许多新的产业。我们无法预知2030年或2040年的就业市场需求，但可以预见的是，知识迭代的速度将不断加快，未来的职业分类会发生许多变化，时代需要的许多新技能也在陆续出现，我们很难确定应该为未来的工作准备哪些具体的知识或技能。斯坦福大学前校长、现谷歌母公司Alphabet主席约翰·汉尼斯（John Hennessy）在采访时分享，在如今科技飞速发展的时代，年轻人在职业道路上很难再"从一而终"，而可能要经历多个职业，在不同的工作之间转换。我们的教育不能再像以往那样帮助学生为一门职业做准备，学生需要拥有自我驱动力，懂得快速学习和掌握新产业的知识和技能，择机选择一条适合自己的道路。

大半辈子都在研究人类大脑的清华大学教授、著名神经科学家鲁白告诉我，人脑的创造性是智能机器人无法取代的。人类大脑突触的生长具有随机性，它会把两个不太相干的神经环路通过新的突触连接起来，没有逻辑性可言。人类可以探索地球之外神秘的宇宙空间，可以反思过去数千年甚至更长的历史，在做决断时还会包含情感因素。这些海阔天空的想象和情感，恰恰是人类大脑本身特有的功能。然而目前对于机器人来说，往往只能是按照人类下达的指令去完成任务。因此，鲁白认为人脑和机器是共生并存的关系，把人脑不太胜任的东西交给机器去做，人可以把省出来的时间用于需要创造性思维的工作。

在"人工智能+"时代，人工智能将与各个传统行业深度融合，这要求人们拥有跨学科的思维和解决问题的能力。而那些要求团队协作、讲求想象力和创造力、需要不断尝试和学习、牵涉人类情感的工作，比如科技研发、艺术、情感关怀以及服务行业等，仍将由人类主导。因此，未来的教育要思考如何唤醒和发展每个人独特的天赋和优势，助力每个人找到自己的激情所在，放大人与机器的不同之处，只有这样，人类才能够在这场人与机器的角逐中胜出，实现自己的价值和意义。

生命科学助力实现"不老传说"，也给社会伦理道德带来挑战

21世纪的今天，人类正在经历一场影响极为深刻的生命科学革命。在过去100年科学发展的基础上，人类社会将在医疗和大健康领域取得一系列颠覆性的突破和进步，使人类在消病延年的路上不断向前推进。随着平均寿命的大大提升，"不老神药"或许不再是一种神话传说，它将以另一种形式降临现实世界。

近年来，我在与医疗健康领域各位领航者的访谈交流中，看到了人类医疗健康的一幅愿景：人类正走向以大数据技术为支持的数字化医疗，以大数据辅助诊断，实现精准医疗；基因检测将人类对疾病的攻克从治疗阶段前移至预防阶段；细胞治疗以及其他新的诊断治疗方式将有望使人类攻克癌症和多种慢性病；脑机接口技术将使那些由于人脑与外部世界联系受阻而失明、失聪、失语、瘫痪等患者重新获得失去的能力；"互联网+"医疗模式正在改变人们的就医体验，惠及更多人群，大幅度提高边远地区和农村山区的医疗服务水平；增强现实技术将被广泛运用于医疗教学和手术模拟，极大提高医生学习和工作的质量与效率；新材料革命使3D打印人的器官等科幻场景变为现实……

华大基因创始人兼董事长汪建在我的采访中自信地谈道，20世纪用物理和化学的方法来治疗的医学，一定会在21世纪被以精准医学和精准预防为主的新的生命科学所取代。"我敢大胆地批评，现在的制药工业和医院都是让你要救命了才来找我，60%的人在生命的最后28天花掉了一生60%的积蓄。如今大众对健康的理解还停留在对疾病的治疗上，往往待病入膏肓才去介入，但基因科技可以帮

助预测和及早诊断治疗疾病。"采用生命科学技术有望挽救更多人的生命，帮助人们延年增寿，人类健康地活到120岁不是奢望。

医疗健康服务模式也正在发生转变。医疗和健康的结合把治疗延伸至入院前的预防和出院后的康复管理及健康促进，全程让名医专家深度参与，形成通过相应科技产品辅助的全生命周期健康医疗服务体系。医疗和科技的结合使医学与工程技术相互交叉、融合、渗透，把大数据分析、感知系统、人工智能学习、生物医学等跨学科领域的知识与经验融为一体，创造更多生命奇迹。

无疑，现代生命科学技术的重大突破和广泛应用将使人类延年增寿，但它的发展也引发了一系列伦理道德方面的争议。如：当技术可能改造人甚至创造人时，谁来划定生物科技的伦理道德界限？有钱人是否会越来越长寿，甚至有钱人的孩子也越来越完美，令人类社会产生更大的不公平和分化？人类对生命的干预应该到什么程度？生命科学的研发和应用是否应该有边界限定？……这些都是21世纪人类往文明和科技大步前行的路上需要回答的问题，它需要具有伦理道德、底线思维和社会责任感的有识之士与科技人员共同深入思考与妥善解决。与此同时，人类又不应该被新科技可能带来的潜在威胁捆住手脚，叫停科技探索的脚步，毕竟科技进步能够为人类带来的利远大于害。

这个潜力巨大、前景诱人的领域的发展，要求我们加快培养具有创新思维和跨学科解决问题能力的优秀人才，推动生命科学技术不断向前发展，同时树立积极正向的价值观去引领伦理道德的讨论，引导科技向善发展，创造以人为本的社会。

全球挑战愈演愈烈，使跨领域与跨地域合作箭在弦上

"这是最好的时代，也是最坏的时代。"英国大文学家狄更斯在《双城记》中曾这样描述工业革命发生后的世界。这句话放在今天，从某一角度来看也是适宜的——我们依然生活在一个充满矛盾和纷争的世界之中。全球化为世界带来了极大的改变。随着科技进步和全球化的发展，在世界各个国家和地区经济发展与文化教育水平大幅度提高的同时，贫富差距的扩大与全球经济的失衡也在加剧。在当今社会背景下，人们所面临的经济、环境和社会问题变得愈加复杂和棘手，比如财富悬殊、气候变化、流行病毒等问题，一个比一个更具挑战性。而与此同时，全球化使不同国家和地区之间的联系愈加紧密。这样一来，地球村变得更小了，蝴蝶效应愈发明显，一个地区发生的问题很快就会产生连锁反应，波及其他地区。2020年新冠肺炎疫情的传播就是典型的例子，没有哪个国家或地区可以独善其身置于疫情之外，只有互相协作，共同抗疫，才能控制住疫情，实现全人类的安全。气候变化是另一个人类共同面临的重大挑战。比尔·盖茨（Bill Gates）推算，如果全球保持现在的排放方式，到2060年，气候变化可能像新冠肺炎一样致命，在未来一二十年造成的经济损失相当于每10年爆发一次与新冠肺炎疫情相当的全球大流行疾病造成的损失。

世界经济论坛创始人兼主席克劳斯·施瓦布（Klaus Schuab）在接受我的采访时谈道，世界各国政府和政治家应该把注意力更多地放在寻求共同利益上，而非纠结于共同的价值观。人类社会所有成员必须接受彼此之间的差异，而最佳解决方案来自多方合作。"我们别无选择，只能在全球范围内进行合作，从而制定政策和建构科

技发展的框架。"

全球面临的严峻挑战要求我们不能再用单一学科的知识，由单独一个国家、地区或机构组织去解决那些人类面临的重大问题，而应该由来自不同文化背景的人、不同机构组织通过跨学科、跨领域的合作一起去面对和解决。在当前纷争不已的国际政治格局中，需要立足长远，着眼全局，寻求新的战略支点，以新战略、新思维、新途径、新方法、新格局去构建人类命运共同体，促进各个国家、地区之间的合作，应对人类共同面临的各种挑战。这就要求新时代的精英人才必须具备全球视野，了解其他民族文化，学会欣赏不同文化，具备跨学科解决问题、与来自不同文化背景的人友好合作以及快速适应的能力等，以迎接时代赋予的机遇和挑战。

对人才素质和能力的要求，未来社会有话要说

美国教育学家约翰·杜威（John Dewey）说得好："如果我们用过去的方法培养现在的学生，就是在剥夺孩子的未来。"经济发展影响今天，科技发展影响明天，教育发展影响后天。教育决定着国家未来的前途，也决定着人类的未来。教育应该走在前面引领时代发展。

究竟未来社会对人才素质提出了哪些新要求？未来教育何去何从？企业作为人才培养的出口端和使用端，招聘员工有哪些新的考量因素？什么样的人才让企业觉得好用？把这些问题搞清楚了，才能更好地确定教育发展方向和培养孩子的目标及方式。

注意！顶级企业用人风向正在悄然改变

近年来，时代发展变化对各大企业提出了新要求，企业在新增工作岗位时自然对适配人才有了更多新的思考和认识，国内外众多顶级企业已开始改变他们招聘员工的标准和方式。

作为全球许多求职者梦寐以求的科技企业，谷歌公司招聘人才的原则和标准历来备受关注。在《谷歌如何运转》一书中，谷歌前CEO埃里克·施密特（Eric Schmidt）和前产品高级副总裁乔纳森·罗森伯格（Jonathan Rosenberg）列举了企业招聘员工的"九要"和"九不要"，给我们以宝贵的启迪。

1. 招募比你更聪明、更有见识的人；别招那些你无法从其身上学到知识或者挑战不了你的人。

2. 招募能够给我们的产品或文化提高价值的人；别招募在这两方面都做不了贡献的人。

3. 招募能踏踏实实做事的人；别招募只会想问题的人。

4. 招募有热情、有动力、有激情的人；别招募只想要一份工作的人。

5. 招募能够与人合作共事并能鼓舞别人的人；别招募偏好独自行事的人。

6. 招募能随着团队和公司一起成长的人；别招募技能或兴趣非常狭隘的人。

7. 招募多才多艺、有独特兴趣和才能的人；别招募没有业余生活、只会工作的人。

8. 招募道德高尚、能与人坦诚沟通的人；别招募要心机、操纵别人的人。

9. 招募人才时宁缺毋滥；别随便降低对人才的要求。

施密特曾分享，他从无数次招聘中发现员工最重要的两个特质便是好奇心和恒心。有好奇心就能持续为公司带来创新，有恒心就能把事情做成，持续获得成功。

谷歌前人力运营高级副总裁拉兹洛·博克（Laszlo Bock）曾谈到谷歌招聘员工时十分看重学习和适应能力、新型领导力（团队需要时站出来领导大家；团队不需要时让开，让别人来领导）、谦虚和主人翁意识以及团队协作能力等。谷歌高层最不看重的反而是专业技能。博克解释，拥有上述重要软技能的员工，再去学习新的专业知识的能力自然也强；也许他们偶尔会失败，但偶尔也会有极具价值的想法帮助公司前进一大步。他坦言谷歌招聘员工时对分数和学历的看法："考试分数是毫无用处的，学历并不代表有能力胜任工作。某些人虽然没读过大学但依然能够脱颖而出，这种人就是非凡之人，我们应该竭尽所能找到他们。"令人惊讶的是，谷歌员工中没有接受过大学教育的人越来越多，在某些部门团队中已高达14%。

2020年，谷歌公司进一步推出了"谷歌职业证书"（Google Career Certificates）计划项目，旨在帮助求职者迅速掌握工作的基础技能。每周学习10小时，6个月后便可获得专业证书，在谷歌招聘员工时等同于本科4年的毕业证书。项目中的每一门课程都由谷歌员工设计和讲授，并提供真实场景的训练，参加这些课程的学员不需要任何学位或先前的专业工作经验。学员完成项目课程后，可得到谷歌去实习的机会，经考察后有机会进入谷歌工作。谷歌还建立了职业证书雇主联盟（Google Career Certificates Employer Consortium），帮助学员与其他雇主分享他们的求职信息。目前该联盟已有130家美国企业，包括沃尔玛、百思买、英特尔、美国银行等知名企业，都愿意向获得谷歌职业证书的学员开放相关的工作岗位，招聘到本公司工作。

接受传统教育走出来的学生已越来越难以满足顶尖科技企业的人才需求，不仅谷歌招聘员工有此困扰，苹果公司灵魂人物史蒂夫·乔布斯（Steve Jobs）和比尔·盖茨早在2011年会面时就提出了著名的"乔布斯之问"——"为什么计算机改变了几乎所有领域，却唯独对学校教育的影响小得令人吃惊？"这个发问引人深思。苹果公司现任CEO蒂姆·库克（Tim Cook）指出，学生在学校学到的知识与实际工作所需要的技能存在较大差距。他在2019年美国劳动力政策咨询委员会会议上透露，在苹果公司有50%的美国员工没有正规本科学历，他从不认为学历代表能力，企业招聘员工时不必自我设限，作茧自缚，而应拓展招聘员工的视野。

被称为"硅谷钢铁侠"的"火星人"埃隆·马斯克（Elon Musk）也在教育领域进行了可贵的探索。他提出："我要做的是一种截然不同的教学方式。让教育适应孩子，而不是孩子去适应教育。"他让自己的5个儿子从顶尖私立学校退学，在他自己的SpaceX总部为孩子们创建了一所以STEAM为核心教育的创新学校Ad Astra。在那里，不分年级不分学科，没有考试没有课本，以问题驱动的项目制教学为核心，致力于挖掘孩子的潜能。此外，马斯克将对科技前沿技术的关注和探索融入教育当中，让孩子们在学校可以接触到包括火焰喷射器、机器人以及人工智能在内的多种前沿课题研究。该学校还开设了TED演讲课程，培养孩子们的深度思考和表达能力；甚至开设了一个创业板块，鼓励孩子们创办公司，用虚拟货币进行交易，将学到的知识运用到实践中。这所学校和童话里的魔法学院有相似之处，知识不需要被痛苦地灌输，孩子的自由天性与学有所成并不矛盾。2020年马斯克在一次大会上谈道，企业不应将大学本科学历作为招聘员工的硬性要求，因为"上大学并不能证明一个人拥有杰出的能力"。

除了苹果和谷歌，IBM、美国银行、希尔顿、家得宝等15家美国大公司从2018年开始，招聘某些岗位的员工时都取消了对大学文凭的要求，而是以能力作为选拔人才的标准，使那些有才华有能力的人不再被一纸文凭束缚，真正做到任人唯贤。近年来，许多像谷歌这样的顶级科技公司通过提供全新培训课程，帮助更多人进入高新科技领域，让人们的关注点不再局限于大学的分数与学历，致力于以用人标准的革新促进教育的变革。

在中国，如今最受新一代年轻人追捧的工作选择之一，是头顶光环的互联网行业。在这些企业中，超越"996"的狼性文化比比皆是，然而还是有无数年轻人争先恐后想要拿到它们的offer，进入这个代表着未来的行业。

腾讯公司是中国服务用户极多的互联网企业之一，正式员工超过5万人，连同下属企业的员工有10万人之多。它面向社会招聘新员工的需求仍在不断增加，2021年秋招面向应届毕业生开放的岗位高达5000个。

我采访腾讯招聘全球负责人罗海波先生那天，适逢早高峰，腾讯滨海大厦人流从四面八方穿梭而过，我站在大堂，感受到深圳速度下年轻血液的激情涌动。我不禁思考，究竟这群年轻人身上拥有什么样的特质，使得他们能被腾讯这等大企业青睐？

罗海波认为，在科技发展和互联网业务快速变动下，公司对应聘者所具有的素质和能力要求会有相应变化，但始终不变的是一个人才最基本的素养和特质。在腾讯，这种特质被称作"有梦想、爱学习的实力派"，也就是希望招到"以'科技向善、为社会持续创造价值'为梦想的、有理想抱负的人；爱学习、能够洞察用户需求、持续创造用户价值的人"。罗海波强调，这里的实力并不等同于学历，而是指一个人实际具备的多种知识和能力。身为腾讯招聘全球负责人，罗海波时常遇到朋友向他请教某名牌大学毕业的学生是否能进腾讯工作的问题，对此，罗海波希望大家改变既定思维，即学历不代表能力，高学历并不等同于高素质。在腾讯的招聘中，没有哪个岗位是以学历高低来划分的，学历并不是用人标准中的必需条件，他们更看重的是应聘者的综合能力。他们认为，比学历更重要，也更能预测一个人长远发展的素质和能力，是自我驱动力、学习能力、协同能力，以及不断追求卓越的精神。

罗海波认为，其中最核心的一点是自我驱动力。自驱力可以表现为对知识的渴望，主动发现自己的兴趣点，努力拓宽自己的知识面，也表现为自己设立有挑战性的目标，并为实现这个目标付出巨大的努力。在公司里，自驱力还可以表现为主动承担边界模糊的工作和追求卓越的精神。比如微信扫码支付，就源于腾讯的一名员工看到以往的支付方式很不方便，便想到要做一个东西优化它。罗海波解释，腾讯很多产品的创造其实源于生活，员工本来可以不做，因为这不属于公司交给他的职责任务，不做对他的绩效考核并没有影响，是自驱力和不断追求卓越的精神敦促员工不断创造创新。员工一旦拥有了强大的自驱力，学习能力自然就不是问题，他们会制定自己的学习规划，发自内心地将感兴趣的技术钻研到极致，自觉去学习书本以外的知识，不断地迭代和成长。这能够使员工在快节奏多变的环境中站得更稳，走得更远，不断取得骄人的成绩。罗海波认为，在保持个人能力提升的基础上，身处复杂的工作环境中，协作能力也很重要。在拥有庞大团队的腾讯，开发成就一款新产品要经过产品策划、程序开发、UI设计、产品运营等诸多环节，一个人单打独斗不可能完成。团队中来自不同专业领域背景工作伙伴的配合，很大程度上决定了一个产品能否成功。

罗海波谈道，刚走出学校的毕业生，最缺乏的是面对职场的心态转换，这需要学会从小事做起，深入了解一个领域。学校课程更新的速度赶不上行业发展的速度，因此需要自己深入研究了解或动手实践，加上实践经验，才能对某一领域有初步了解。罗海波举例，有个学生喜欢玩游戏，他为了玩更多优质的游戏而自学英语，后来还去帮一家杂志翻译一些英语游戏的内容。在这个过程中，他的视野不断开阔，通过接触一些游戏制作人，加深了对这个行业的了解。他后来选择加入游戏行业，现在参与腾讯海外游戏业务。

互联网行业发展之迅速，需要从业者在面临不断变化的外部环境下，不断学习新知识来应对新的挑战，解决新的问题。单靠原有的知识和技能，无法赶上时代的脚步。因此，拥有学习能力和保持学习热情，是身处巨变时代的人才必不可少的基本素质和软技能之一。罗海波形容职场就像行舟一样，不进则退，只有不断地追求卓越，拥有强大的自驱力，才能更好地实现创新，在前行的道路上走得更远。

教育的意义，在今天远远大于知识的传授。现在很多家长喜欢将孩子的时间塞得满满的，还总觉得做得不够。但自驱力比家长的驱动更为重要。孩子寒窗苦读十余年毕业走出校门并不意味着学习的终结，而是职业生涯的开始，也恰恰是他们发挥和培养学习力的大好时机。步入职场走向社会，面对不可预知的未来，能否拥有主动学习的激情，培养终身学习的能力，不断提升自己的综合素质和能力，决定了一个人在未来能走多远。

未来社会对人才素质提出的六点要求

究竟未来社会对人才的素质能力提出了哪些新要求？聆听了全球120多位领航者并梳理了最受欢迎企业的人力资源部门的招聘要求后，我归纳出未来教育需要着重培养的人才素质和能力。

好奇驱动

好奇心是想象力和创造力的源泉。爱因斯坦说过："我没有特殊的天赋，我只是极度好奇。"列奥那多·达·芬奇与爱因斯坦一样，拥有强烈的好奇心，我们可以从他的笔记中窥见：从想知道人为什么会打哈欠，到牛犊的胎盘、啄木鸟的舌头、月亮的光线等，他想了解的许多问题都是"无用"但有趣的事情。带着好奇的眼光扫视万物，为满足好奇心而去研究的动力和无限发散的思维，正是科技发明创造最可宝贵的素质，成就了历史上无数的"大家"。

哈佛大学著名教育学家戴维·珀金斯（David Perkins）提出，"教育的任务不仅仅是传递'已经打开的盒子'里面的内容，更应当是培养我们对'尚未打开的盒子'和'即将打开的盒子'里面内容的好奇心"。我在采访领航者时发现，驱使他们一直坚持前行的动力，并不只是财富、上市、名声这些表面的东西，因为他们当中很多人在人生的上半场便达到了这些目标。那些能够持续走更远、飞更高的领航者一般都具有更为持久的驱动力，比如深沉旺盛的好奇心和求知欲，以及向往探索创新的强烈愿望。

以色列魏茨曼科学研究院前院长丹尼尔·札夫曼（Daniel Zajfman）在接受我的采访时说道："人类历史上最大的发明，恰恰都是由好奇心驱使的，因为如果你只问这个研究会有什么用，或只去寻找那些你知道会有用的东西，那你就只能发现那些你知道你可以发现的东西，而丢掉了那些更为重要而更有价值的东西。"

美国当代著名教育心理学家本杰明·布鲁姆（Benjamin Bloom）发现，那些具有较高学习动机、对学习有兴趣并能主动学习的孩子，会比那些只是依赖父母或老师鞭策的孩子学得更快更好，也走得更远。香港中文大学（深圳）校长徐扬生说得好："教育是要点亮火把，而不是灌满瓶子。"灌进瓶子里的东西，也就是家长和老师让孩子被动接收的知识，大部分会在孩子走出校门后被遗忘或过时无用，而不被忘掉的却是那一颗探索新鲜事物的好奇心。好奇心会驱使人们不断地塑造自己，保持内在驱动力，培养终身学习的能力，从而适应不断变化的时代。

找到激情

一个人能保持持续前行、不断攀上新高峰的动力，除了来自好奇心和求知欲的驱使，还源于他内心追求的理想目标。我所采访过的领航者，无一不是聆听和追寻内心的感召，投身于他们热爱的事

对人才素质和能力的要求，未来社会有话要说

业。当一个人的内在驱动力主要源自对工作本身的兴趣而非外部压力时，他将拥有更大的创造力，愿意投入超出常人的时间和精力，克服各种困难，坚韧不拔地前行。

中国第一家人工智能芯片公司地平线机器人的创始人余凯在人工智能领域深耕了20年，他跟我聊天时始终避免用"坚持"这两个字。在他看来，"坚持"让人感觉是件很艰苦的事情。而进入人工智能领域对他而言更像是谈恋爱，从大学时偶遇突然触电，用了三天三夜一口气读完一本神经网络的入门书，随后他便爱上了这个领域。他认为过去20年里的每一分钟都是享受——因为他在从事一项自己钟爱的事业。Rokid创始人兼CEO祝铭明似乎也有同感。他说，热爱一个事业就和爱一个人一样，不需要讲道理和说原因，做自己喜欢的事情就会永远精力充沛。他每天早上9点起床，晚上12点才离开公司，半夜回到家还要写3个小时似乎与正在从事的工作毫不相关的代码，每天基本凌晨4点才睡觉，这一切皆源于热爱。对他来说，写代码就是放松的过程，和我们吃饭、喝酒、打牌是一样的道理。这份雷打不动的爱注定他会在这个行业里崭露锋芒。

泰康保险集团创始人、董事长兼CEO陈东升在人生的上半场，创立了中国最早的中外合资拍卖行、物流公司和具规模的保险公司，事业遍地开花，硕果累累。当步入人生的下半场时，陈东升决定把所有精力投入到养老产业上。中国第七次人口普查的数据显示，中国即将进入深度老龄化社会，而陈东升在2007年就决定进军养老产业领域。他对我说了两个"没想到"："中国老龄化来得这么快，大家没想到；社会准备得那么不充分，没有想到。"陈东升坚定地表示，余生再不做别的生意，专注把医养这项事业做大做强并持续下去，虽然养老产业赚的钱没有别的行业多，但能让更多老人过上快乐、幸福的晚年生活，就是最好的回报。

教育的本质在于帮助孩子找到自己的挚爱，点燃他们的激情。因此，我们培养孩子不需要过多去"补短"，要求孩子样样出色，更重要的是帮助孩子找到自己的独特之处和兴趣所在，培养他们的比较优势，把长处和兴趣发挥到极致。

快速适应

家长与其推测未来哪项具体技术会占据主导地位、哪类职业吃得香，还不如着力培养孩子快速行动、勇于承担风险、在试错过程中快速调整并适应变化的学习能力及心理调节能力，以这种不变去应对万变，才能帮助孩子从容面对瞬息万变的世界，稳操人生舵把渡过一个个急流险滩，攀上一座座高峰。

几年前，我回母校哈佛大学进修了两周，其中一堂讲述未知领域领导力的课给我留下了深刻印象。课程讲到非常有意思的一点：已知领域与未知领域所需要的领导力是不一样的。在已知领域，即在传统行业或成熟的企业中，领导无非要做好三年、五年规划，做好财务预算、计算好投资回报等，加之强大的执行力，运用已知的知识去解决面对的问题，因而领导过程是一个相对可预测的环境和机械化的过程。但在未知领域，比如在创新项目、创业企业或发明创造中，更需要的是领导力中的选择和决断力，而不仅仅是管理能力。此外，还需要具备解决未知问题的能力和极强的适应性，在面对压力时能做出正面积极的回应，甚至在强压下还能表现得更好。当我们走进了更多的"无人区"，没有既定的道路可以遵循，无论做什么都需要快速做出选择和决断，不断试错，再不断调整适应，坚持不懈地朝目标靠近，这样才能在未知领域中取胜。

采访TCL集团董事长李东生时，我发现他的办公室挂了一幅气势轩昂的雄鹰画作。他颇得意地告诉我，他很喜欢鹰，觉得鹰飞得高、看得远，发现目标一击即中。李东生领航TCL近40年，经历过不少挑战甚至是挫败。那一年TCL风风火火的国际并购便是已被社会熟知的故事。TCL在短短18个月里亏损了18个亿，基本耗尽了企业20年的积蓄。面对如此惨烈的重挫，李东生使出了如雄鹰般的眼力与毅力，大刀阔斧地改革企业机制，调整产业产品结构，带领企业战胜挑战，最终实现涅槃重生！

失败对人的心态、韧性和适应能力的锻炼以及对自信心的积累起到意想不到的作用。经历事业的大起大伏后，如今的李东生遇到难题，总能以平和的心态和坚定的信心去面对，不惊不慌。即使一时想不到解决的方式，他仍会不断地心理暗示：只是自己的能力暂时未到，坚信解决问题的方法一定会有，只要坚持下去，总能找到出路。

这些成功人士、创新人才总是乐观地相信，无论问题具有多大的挑战性，都可以找到解决方案，就算90%的人都失败了，自己还是有获得成功的机会。只要认准了目标方向，在不断遭受挫折中把挑战和失败当作机会，善于反思总结经验教训，快速调整适应，不断提高自己解决问题的能力，不惮跌倒重来，一步一个脚印，持续不断地坚持、再坚持，就一定能找到解决困难的方法，闯出一条新路来。

跨越学科

我在2005年斯坦福大学的本科毕业典礼上，现场聆听了史蒂夫·乔布斯的一次堪称教科书式的精彩演讲。他分享了自己如何把人生中学过的看似无用和不相关的各个领域的知识结合起来，使之产生奇妙的化学反应的故事。我至今还记得乔布斯娓娓道来，他上大学时选修了一门书法课，当时里德大学的书法指导可能在全美国数一数二，他被书法之美深深吸引，但从没指望之后能派上什么用场。然而10年后，在设计第一台Macintosh计算机时，他把漂亮的文字版式融入了设计，当年学习的书法艺术派上了用场。正是这种"把所有的点连接起来"的想法引发了他创造出来的高科技产品和至臻艺术完美交织。在发布iPad 2时，他说："在苹果的DNA中，仅有技术是不够的。技术与人文科学的结合，才使我们创造出符合人性需求且被人们所热爱的产品。在这些后PC设备中，没有什么比这更重要。"

不仅电子产品如此，在人工智能和生命科学等领域同样印证了这个道理。当今社会，各种问题盘根错节、错综复杂，单学科的学习研究局限太大，跨学科知识和视角的融合发展变得越来越重要。当今世界科技产品的用户数量空前增多，而且还在与日俱增，科学家和技术人员逐渐有了更宽阔的"能量半径"去影响未来社会。很多新科技的发明及推行涉及深层的哲学和伦理问题，需要科学家和技术人员去思考把握。只有将科学和人文有机结合在一起的人，才有机会在创新时代大显身手。只有具备跨越学科领域的整体性思维，以及综合运用多学科知识的能力，才能从多个角度观察世界并解决社会面对的各种问题。

协作共赢

现代社会讲究协同合作，《乔布斯传》作者沃尔特·艾萨克森（Walter Isaacson）所著的另一本书《创新者》特别讲述了这一点，那就是创新者都不是孤独前行的英雄，他们懂得如何与人合作共进，善于和不同背景的人在一起讨论碰撞、协同研究。

在线教育平台edX的创始人兼CEO阿南特·阿格瓦尔（Anant Agarwal）在与我的访谈中分享，他通过大量与业界公司合作，开展定制课程的培训教育，发现企业员工最缺失、最需要加以培训的技能是软技能，包括团队合作能力、沟通表达能力、批判性思维和自我管理能力等。在科技进步时代，员工具有快速学习掌握从一个职业转换到下一个职业的技能，具有跨越任何领域的软技能，比他们的专业学习成绩或相关工作经验重要得多。

而在软技能中，团队协作能力又是非常重要的能力之一。职业社交平台领英（LinkedIn）在2020年对软技能的重要性进行了排名，协同力排在了最受全球企业欢迎员工能力的第三位。何鸿燊的女儿何超琼接掌了市值近百亿的信德集团，她十分优雅能干，媒体给她贴上"完美女性"的标签。而她对自己的身份认同则是一名统筹者、指挥家，能把团队里每个人的长处发掘利用和叠加起来。在她眼中，最大的成就不是个人的成就，而是赋能于他人，帮助团队共同获取成就。能与团队协作，共同创造价值是极其重要的能力。反思我们的教育体系，从小到大实施的是强调竞争的教育，基本很少有合作学习的内容。当这些孩子走向社会，又怎能埋怨他们拥抱个人主义、不懂得合作呢？这给了我们一个启示：家庭和社会需要从小培养孩子与人交往的能力以及协作共赢的思维。

价值引领

身处信息爆炸时代，人们需要正向的价值观引导他们做出判断和选择，价值观的引领和人格的塑造比以往任何时候都显得更为重要。腾讯主要创办人、"一丹奖"创始人陈一丹在接受我的采访时这样讲述他所理解的教育的变与不变："教"是传授，传授的是技能、知识和能力，其内容会跟随时代的变化而变化；但无论科技和时代如何发展，始终不变的是"育"，培育一个人的人格、价值观和文化；"教"与"育"两个方面加起来，才是教育。

著名历史学家和国际关系学者尼尔·弗格森（Niall Ferguson）在接受我的采访时谈到希望给孩子们构建一个基本伦理框架。他意识到，我们不能单靠科学知识引领人们前行，因为只懂得科学，并不意味可以成为一个好人。他说，我们现在生活的世界被各种诱惑所包围，却缺乏良好的道德准则的指引。他坚信，教养子女的关键在于尽早教会孩子判断善与恶的能力，或是在更大和更小的恶之间能理智做出选择的能力。

法国思想家卢梭在其教育论著《爱弥儿》中谈到人的道德品质时认为，人在婴幼儿时期，也就是尚处于天真纯洁时期所接受的感知，将对他的一生产生不可磨灭的影响。现代教育理论也表明，0~6岁对于人一生的性格和价值观的形成至关重要，父母需要格外注意通过陪伴和榜样的力量去引领孩子塑造价值观。

不仅要让孩子拥有良好的道德品质，春华资本集团主席、高盛前合伙人和大中华区主席胡祖六还提出，年轻人在达到生活舒适的目标后，不要再过多地追求物质财富，而要追求精神上、心灵上的

对人才素质和能力的要求，未来社会有话要说

财富；应以同理心去关心帮助身边没有那么幸运的人；学会感恩知足，想清楚"什么才是人生中最重要的"。让孩子懂得怀抱感恩之心和人类情怀去回馈社会，为造福世界而努力，这是父母需要从小悉心引导孩子建立的胸襟和格局。这同样有利于创新型人才的培养，创新被赋予了更高的价值，能为创新者提供继续往前探索的动力。

面对未来的不确定性，当下最重要的是赋予孩子面对不确定性的能力。巨变的时代需要培养知道未来走什么路，自觉践行终身学习准则、能提出创新想法并付诸实施且能快速适应未来的人才。他们需要具有宽广的视野，可以连接不同领域、地域的人与知识，敢于承担风险，愿意不断尝试，不畏惧挑战和困难，为改变世界而不懈努力。

教育的本质在于帮助孩子找到人生之路

既然未来社会已经对人才素质提出了新的要求，现行教育体系能否跟得上社会变革需求和速度呢？2019年3月，全球顶尖的商业分析机构经济学人智库发布了一项全球教育未来指数，调查评估了占有全球89%GDP和93%人口的50个国家关于如何培育下一代应对未来社会所需能力的整体表现。芬兰、瑞士和新西兰名列前三，而中国排在第39位。这项调查结果从侧面提醒我们，如果现行的教育体系和教学方法不进行变革，难以帮助年轻人从容地应对未来。

孩子在接受过去的教育，却要面对未来的问题

目前全球主流的教育体系，源于人类社会第二次工业革命时期的需求。19世纪中期，随着第二次工业革命的发展，社会出现了巨大的职业缺口，亟须把大量农民转变为能识字并能进行简单分工合作的劳动力，从而胜任工厂流水线工作。这就使教育的普及成了社会发展的重大任务，以培养标准化人才为导向的大规模基础教育应运而生。在该体系中，课程按照年龄和学科划分，标准化的课程培养标准化的劳动力，培养出大量顺从、且易于管理的劳动者。

美国从农业社会转向工业社会，也感受到推行大规模基础教育的必要性和紧迫性，创建了大批平民学校，教授一些对学生就业有直接帮助的基本知识。1893年，美国全国教育理事会组织的"十人委员会"，认可并明确了这套我们习以为常的K12标准化人才培养体系，并在全世界推广形成了目前全球教育体系，这一套教育模式近130年来没有发生过根本性的变革。

这种教育体系发展到今天，带来的问题便是学校教育与真实的社会需求不完全匹配，学生毕业后很难找到合适的工作，或出现自身能力素养不被用人单位认可的两难困境。到底是什么导致了这种状况的发生呢？

首先，学校设置的专业与快速变化的市场需求脱节。有些专业在市场上已经饱和或面临淘汰，但学校仍年年大批招生。日新月异的科技发展和产业结构调整所带来的职业变化，与学校既有的学科结构布局形成了人才供需市场的错配，使学校学科的设置及培养的学生跟不上就业市场的需求变化。

其次，学校的教学内容跟不上信息增长和知识迭代的速度。一方面，社会上的信息呈指数级增长，没有人能够掌握某个领域的所有知识；另一方面，1950年前知识"半衰期"平均为50年，21世纪知识"半衰期"平均为3年，知识快速迭代，而学校的教学主体内容却没有及时更新，使得许多课堂上传授的知识往往已经或即将过时。据相关调查统计，有60%的企业反映，应届大学毕业生就算从事所学专业的工作，到岗后实际知识的应用率也不足40%，换言之，在学校所学的大部分知识已经用不上了。

除此之外，传授给学生的低层次知识太多。本杰明·布鲁姆将教学目标分为6个层级：记忆——对知识的记忆；理解——搞清事物的意思；应用——在新的情境下运用知识；分析——分解知识，了解其内涵、推理、逻辑等；创造——发现事物之间的相互联系，将不同知识重整组合为新知识；评估——评价、判断知识的价值。教育理论家艾尔弗雷德·诺思·怀特海（Alfred North Whitehead）曾提出了惰性知识的概念，指那些人们只是记忆却不知道怎么应用的知识。目前我们的教育大多还停留在记忆和理解的层面，给孩子灌输了大量惰性知识。很多学生在当前的教育体系中，对所学的知识并没有充分理解，更谈不上应用和创造，工作后自然会感到力不从心。假如能够在教学中适当减少记忆内容，那学生就可以更多地进行分析、创造、评估等高层次的思维活动。当今时代，"知识就是力量"实际上已被"转化了的知识才是力量"所替代。学习的真正价值在于懂得如何运用所学知识和寻找新的资讯去创造新知识与解决新问题。

最关键的一点是，以传授知识为主的教学方式，把考试作为最重要的测评工具，不利于培养学生的思考能力与动手能力，培养出来的学生毕业后进入社会可能不具备解决真实世界问题的能力和素养，缺乏创新思维、团队协作能力、组织领导能力、与别人沟通交流的能力等。过度注重传授知识会降低人才培养的质量。这些困局着实引人深思，亟待有识之士重新审视现行教育体系和学校教学的内容与方法，大刀阔斧地进行改革。

人类社会的发展是有阶段性的，而社会在不同阶段对人才和劳动者都有不同的需求。作为社会变革和发展重要支撑力量的教育体系，理所当然必须随之变革。农业时代，注重培养简单的劳动力，体现的是人多力量大；到了工业时代，培养方式是让大多数人接受基础教育的标准化培养。如今，人类已从工业时代进入了智能时代，将逐步不再像工业时代那样在生产线上制造标准化产品，而对产品个性化、智能化的要求却越来越高。中国要从原来科技、经济发展的追赶者转变为引领者，企业只有在核心技术、主打产品和商业模式等层面不断创新，才能在激烈的竞争中求得生存发展，这就需要培养大量创新型人才去支撑企业和整个国家经济的可持续发展。著名经济学家、耶鲁大学终身教授陈志武提出，一个国家的产业结构决定其教育知识的结构，反过来，教育知识结构又决定其经济的产业结构。在制造业时代，教育需要强调的是硬技能和专业知识，但在向服务业和创新型经济转型的过程中，教育更应注重培养的是具有通识素养、人文底蕴、创新思维、思辨能力等的人才，人力资本的重要性大大提高。未来社会需要的人才素质和能力已然改变，作为上层建筑的教育也必然要随着经济基础的改变而变革。

"不让孩子输在起跑线上"是个伪命题

近年来，社会上流行一句话："不能让孩子输在起跑线上"，牵动着千千万万家长的心。为此，许多家长挥着鞭子把孩子往前赶，让孩子跑得快点、再快点，生怕自己的孩子落后了。大家都在跑，你不跑输了怎么办？其实，这是一个伪命题。

这条所谓的"起跑线"究竟是谁定的？要让孩子跑向何方？终点目标在哪里？用学校繁重的功课作业以及名目繁多的各种补习班把孩子的时间填满，或许可以帮助他们取得较高的分数，考取较好的学校，但其实，分数检验衡量的只是孩子诸多能力及潜力的其中一种而已，孩子的能力和兴趣是多方面的，社会对人才的需求也是多种多样的。如果让孩子跑错了方向，跑得越快反而离正确的终点越远。未来世界中，人与人之间美妙的多样性会越来越被珍视。家长不能再套用延续前一代人成功的路径，让孩子沿着家长心目中设想的方向去奔跑，让所有孩子都挤在同一条跑道上。缺乏个性化的发展和创新力，显然已经无法适应未来的社会需求，那条至今大部分人追求的看似最安全保险的道路很可能正在变成险途。而且，在这条道上"赢"了又如何？大量的作业和标准化考试给家长和孩子带来了巨大的压力，抑制了孩子的兴趣爱好和探索创新精神，也极大地疏离了亲子关系，给孩子留下了心理阴影，过重的应试压力更是导致一些学生抑郁甚至轻生。

想一想，孩子寒窗苦读十几年，如果走出校门才发现自己选错了跑道、跑错了方向，所学过的知识基本用不上，又没有培养出真实可用的能力，岂不是白白耗费了付出的心血和汗水？

让孩子在漫漫人生旅途中找到适合自己和真心喜欢的跑道，是否比赢在起跑线更为重要呢？人生不是一场短跑赛，而是马拉松。跑得快不如找准跑道，跑得久、跑得远。升学之路只占人生长路的四分之一到五分之一，倘若只用学校教科书和功课以及各种补习班填满孩子的这段时间，让他们根本没时间和精力去探索发掘自己的兴趣特长，找到人生的价值意义，那岂不是只见树木、不见森林，如同捡了芝麻丢了西瓜？把眼光放长远些，让孩子赢在人生这条漫漫长路上，而不仅仅是升学这一小段路，是否更值得家长深思和为之付出呢？

奥地利心理学家阿尔弗雷德·阿德勒（Alfred Adler）说过："幸运的人一生都被童年治愈，不幸的人一生都在治愈童年。"家庭环境与教育对孩子一生的健康成长至关重要，父母作为孩子来到人世间的首任教师，所肩负的责任无比重大。在决定孩子一生前途和幸福的问题上，家长的眼光一定要放长远。

现实生活中，很多家庭在培养孩子方面长期存在着各种各样的认识误区，比较典型的是：注重短期的战术目标，缺乏长远战略目标。如一心要求孩子获取好成绩，以进入好学校，毕业后找份好工作，不知不觉中把学习功利化了，把学习从对孩子来说是一件好"玩"的事情，变成了一种沉重负担和苦差事，令孩子成为海量作业和各种考试的牺牲品。

这么做有一个不良后果：当走出了校门，没有父母或老师的约束鞭策，要靠内在驱动力继续前行时，很多人对人生道路感到困惑迷茫，失去了学习的兴趣和动力，不知道自己想做什么和该做什么，找不到自己热爱的事业和人生的目标。

父母搞不清楚应该对孩子的人生寄予何种期望，忽略或忘记了人生之路比升学之路要漫长和重要得多，父母以短浅狭窄的视野和标准方式去要求和培养孩子，只会让自己成为孩子成长路上最大的绊脚石。

这些年在与《领航者》嘉宾的对谈中，我发现了他们的父母在家庭教育上的一些共性，再联系反思自己的成长道路，以及教育培养自己三个孩子的方式，有了诸多的感悟。

盈 思 盈 语

◆ 未来充满变数，倘若以昨天的知识和方式教育孩子，却要孩子去面对明天巨变的世界，哪有不失败的道理？

◆ 每个人都是独特的！未来的教育要思考如何唤醒每个个体的天赋，放大"人与机器"的迥异之处。

◆ "不让孩子输在起跑线上"是个伪命题。这条所谓的"起跑线"究竟是谁定的？如果让孩子跑错了方向，岂不是跑得越快离正确的终点越远？

◆ 让孩子赢在人生漫漫长路上，而不仅仅是升学这一小段路。

◆ 帮助孩子在赛道上选我所爱，爱我所选，这比"赢在起跑线"更为重要。

02

｜启发

——玩乐中见智慧，善启发的父母最可贵

父母总是让孩子学这个学那个，会给孩子带来巨大的压力，从而使孩子的大脑释放压力激素，会对大脑造成损害。

——鲁白

父母一向觉得，只要我作业写完了，考试能达到一个基本水平就可以了，剩下百分之五六十的时间，我可以自由选择做什么。

——郝景芳

小时候，父亲总是把工作上用到的电子产品带回家，并允许我动手拆装。

——内森·布莱卡斯亚克

启发

大儿子（8岁）

启发就像迷宫，

转，

　　转，

　　　转，

给你一些线索，

出口有个大惊喜。

大儿子8岁时
的作品

家庭是孩子进入社会的第一个组织单元，是为孩子的健康茁壮成长提供丰沛养分的土壤。人从呱呱坠地伊始，便依赖家庭带来的庇护和关爱；而当人逐渐长大，大到在物理空间上脱离原生家庭，大到原生家庭的生活逐渐淡化转为其学习或职场生活的背景，家庭教育所刻下的印记仍将伴随着他（她）的成长。家庭教育对孩子一生的影响可见一斑。父母平时在家庭中扮演的角色，陪伴孩子的方式，在陪伴中如何启发孩子的心智，侧重关注的话题与喜好，对于家庭核心价值观的传承以及孩子的成长都至关重要。

拒绝填鸭，给孩子的成长适当"留白"

　　近来，"鸡娃"一词成为网络热词。顾名思义，就是为了让孩子出类拔萃，不停地给孩子打鸡血，让孩子参与各类学习和活动，这映射出年青一代家长的焦虑。越来越多的家长在学校放学后和节假日把孩子送去参加各种补习班，用各类课程填满孩子的时间，唯恐因一刻松懈而跟不上其他孩子的成长步伐。

　　但是，这种教育方式真是一种理性的做法吗？我翻阅了各种教育书籍和研究报告，并向《领航者》的嘉宾们请教，了解到在孩子成长过程中适当"留白"，孩子才有更多"自主"的空间来发觉内在好奇心和驱动力，这对于帮助孩子找到自己的人生道路至关重要。

"留白"本是中国画的一种理念和手法，它给画作留下了极大的想象空间，那种"空纳万境"的智慧被视为艺术创作的最高境界。这种艺术方式与给孩子的人生适当"留白"的思维有异曲同工之妙。给予孩子自由发展的时间和空间，让他们摸索寻找自己的兴趣所在，将来才有无限发展的可能。如何"留白"是家长需要用心学习的一项高超的艺术，《领航者》嘉宾们的亲身经历，或许能给我们一些启迪。

压力过大会使大脑受损

父母总是让孩子学这个学那个，会给孩子带来巨大的压力，从而使孩子的大脑释放压力激素，会对大脑造成损害。清华大学教授、著名神经科学家鲁白在接受《领航者》采访时，着重强调了这项研究结果。作为长期从事神经发育研究，在大脑发育和精神健康领域有过一系列重大科学发现的科学家，鲁白的结论恰好提供了"留白"与大脑发育相关的科学依据。他告诉我，学习压力过大对孩子大脑的损害有些是短暂的，有些则是永久不可修复的。

我之前采访过的以色列海法大学神经生物学教授莫娜·莫罗恩（Mouna Maroun），她对于大脑的研究得出了类似的结论：压力可能对大脑造成的伤害比我们想象得更严重，一旦过大的压力导致大脑的"情绪中枢"杏仁核体积出现异常萎缩或肥大，人将无法正常控制自己的情绪，认知能力将会受到抑制，也就是说过大的压力反而会影响学习效果。

随着当代社会人们的文化素质水平越来越高，许多家长开始懂得现代育儿理念，讲究遵循科学的育儿规律，但他们也很容易被育儿的焦虑蒙蔽了理性头脑。父母的出发点都是为孩子好，但他们往往盲目相信许多以营利为目的的机构发出的诸如"赢在起跑线"的口号，生怕自己的孩子落后于人，给孩子报名参加各种各样的兴趣班或补习班，把小学课程前移至幼儿园，中学课程前移至小学，琴棋书画也样样不能落下，把孩子的时间填得满满当当。孰料，这样做反而违背了大脑神经的发育规律，可能会给孩子的健康成长带来难以弥补的伤害。

鲁白解释道，那些从小受到过大压力的孩子在成年后往往会比较焦虑，一旦有较大的环境变化或危机出现，他们的应对能力比较差。鲁白建议家长在孩子年幼时多带他们去户外玩耍，因为户外氧气比较充足，有利于大脑发育；户外的刺激更加多元，对大脑各种信息的输入比在户内要丰富得多；更重要的是户外活动对孩子来说其实是很好的放松方式，张弛结合，对大脑发育产生积极影响。此外，户外活动有助于孩子保持注意力集中和心态平衡，同时也能激发他们更多的创造力以及毅力。对孩子的培养教育，不能过分强调效率和产出，而是要尊重大脑发育的规律，以静待花开的耐心、而不是拔苗助长的心态去陪伴孩子成长，或许收获更大。

自由和空间是孩子成长的精神源泉

提到"留白"这一培养方式，亚洲首位女性雨果奖得主、科幻作家郝景芳也感同身受。在《领航者》的采访中，她向我坦言，对她的成长帮助最大的，就是父母的刻意"留白"。父母从小给她提供宽松自由的环境和成长空间，助她登上了世界科幻文学创作的殿

拒绝填鸭，给孩子的成长适当"留白"

堂。长大后的郝景芳不仅是一名科幻作家，还在物理学、经济学和儿童教育等领域均有涉猎，而且都做得十分出色，是名副其实的多面手。

郝景芳年纪轻轻就获得如此大的成功，确实让很多同龄人十分钦羡。回顾自己的童年经历，她说父母从不逼迫她花百分之百的时间去学习课堂上和教科书里的东西，也从来不把她的时间排满，只要求她在课堂里认真听老师讲课，剩下的时间由她自由安排，从小保护了孩子最难能可贵的好奇心和求知欲。

她回忆道："父母一向觉得，只要我作业写完了，考试能达到一个基本水平就可以了，剩下百分之五六十的时间，我可以自由选择做什么。后来玩得多了，我发现我想要去找到一些自己特别感兴趣的事情，去寻找真正让自己产生熊熊热情的领域，这会让我有长久的动力。"郝景芳从小喜欢阅读各类书籍，父母十分尊重她的爱好，也没有要求她必须去做功利性的阅读，而是放手让她去广泛涉猎自己喜欢的领域。郝景芳从七八岁开始，利用"留白"的课余时间阅读了《十万个为什么》这类科普图书，从而对天文知识产生了浓厚的兴趣。阅读量的不断积累也激发了她的创作潜能，在高中时，郝景芳就因获得全国新概念作文大赛一等奖的好成绩被保送北京大学中文系。不过，她那时的梦想是成为一名天文学家，所以毅然选择清华大学天体物理专业。在之后的求学道路上，她又转攻经济学，并热衷于开展儿童教育工作。与此同时，不管工作多忙，文学写作仍旧是她始终坚守的"心灵牧场"。

父亲与班主任的"对峙"

和郝景芳相似，我的父母在我的成长过程中几乎没有给过我学业方面的压力。他们从不会用学习成绩来"绑缚"或要求我，而是让我有更多自由成长的空间，培养和拓展我多方面的爱好、兴趣和潜能。

初中时，有一回班主任找我父母谈话，说我头脑很聪明，成绩在班里名列前茅，但明明考试可以拿第一名，却没有付出更多的努力去争取，把学习时间用来看小说、看电视和参加各种活动。没想到的是，父亲认真听了老师反映的情况后，竟坦然承认是他"指使"我这么做的。父亲说，他也当过几年中学老师，知道学生考试能取得80分就表明对老师所教的知识已基本理解和掌握，如果想再多拿十几分，就要花时间去背书和开展"题海战术"。他对我的要

与初一初二的班主任、现华南师范大学附属中学副校长肖朝云老师的合影

拒绝填鸭，给孩子的成长适当"留白"

求不是"80分万岁"，而是希望我考试达到80分后，可以腾出一些时间和精力用来多读些课外书或做其他自己感兴趣的事情，不想让我为了考100分而耗费大量的时间和精力，那只会导致我的学习时间被功课和习题硬性塞满，没有丝毫"留白"。父亲认为，考试成绩并不是衡量学生是否学有所成的唯一标准，全面发展更为重要。

在我小学高年级和初中时期，父亲便致力于为我争取弹性的课余时间。他每年都会开列出一张中外经典名著书单，鼓励我在这片"留白"时间的画布上勾勒出自己的阅读足迹。父亲从不强行规定我必须什么时候读什么书，而是给予充分信任，让我自主选择感兴趣的书籍。和许多同龄人相似，我小学高年级时痴迷武侠小说，读完了金庸、梁羽生和古龙等名家的全集，初中阶段又热衷于言情小说，父亲也从未阻止或断然否定过我的"阅读半径"。那时，父亲

高一时为学校艺术节准备的舞蹈节目（右）

只是会时常强调劳逸结合的重要性，敦促我晚间要按时上床休息，鼓励并支持我做完学校作业后找到自我放松的方法，发展自己的兴趣爱好，积极参加学生会的工作。此外，父母还践行"读万卷书不如行万里路"的理念，每年带我出外旅游一次，让我亲身体验别样的景致和各地的人文风情，使我的视野与见识更加敞亮和宽阔。

有了父母给我"暗中撑腰"，我便在学业上大胆地"忙里偷闲"——不用多花数倍的时间贪恋第一名的考试成绩，而是"安"于前十名，用省下来的时间去充实其他方面的知识、参与学生社团和各种课外文体活动。

成年后我才发现，父亲的这个理念不仅使我终身受益，而且竟然与爱因斯坦和大数学家陈省身的教育理念十分类似。陈省身先生给中国科技大学少年班的题词就是"不要考100分"。他们都强调，为了考高分而付出过多的时间和精力是不值得的。

不给孩子补习，能做得到吗？

面对所谓"不补习就掉队"的说法，其实我的内心有过很多挣扎。毕竟儿子身边的大多数同学都参加了各种补习班，每次与儿子同学的父母聊天，都让我感受到来自同辈的压力。我一开始也产生了疑惑和焦虑：只有我家的孩子不去补习，能行吗？但在阅读相关文献和向《领航者》嘉宾请教后，我最终决定践行"不给孩子补习"的理念。

正在上小学二年级的大儿子对这样的安排甚为满意。当然，我和先生也在事前跟他充分沟通，清楚地告诉他，不补习的前提是他对老师在课堂讲授的内容都能理解，并能跟得上老师讲课的进度，

拒绝填鸭，给孩子的成长适当"留白"

让自己的成绩保持在班级中上水平。一旦发现他维持不了这个状态，我们就要重新考虑是否给他增添课后补习的额外任务。大儿子在这个年纪其实已经形成了清晰的逻辑，他知道如果要上补习班，自由玩乐的时间就会大打折扣；而如果想争取更多的自由玩乐时间，他就需要学习自我管理，在课堂上更加专心、认真、高效。在实践中，我欣喜地看到，这个决定激发了他专注学习的决心，对功课更加上心，每逢学校测试前，他还会主动多花时间复习。我想，所谓"留白"，不是任由孩子不长进，不设高标准要求，而是从另一个角度促使他们为自己负起责任，制订个人的学习计划和阶段目标，从小养成良好的学习习惯。这样看来，"留白"可能是一种更具挑战的学习艺术。

作为家长，既然选择了不给孩子补习，就要接受孩子的考试成绩可能没法排到班级前列的事实。但只要想清楚了培养孩子的终极目标，就不会妥协于现实的压力，还能收获内心的平静。

三个儿子弹钢琴

比起决定拒绝补习班，是否让儿子参加兴趣班的抉择让我更纠结。一方面，不想填满孩子的时间是我的初衷和准则，但参加兴趣班确实能让孩子在年幼时接触各种类型的活动，让他们对相关领域有初步认识和入门体验，这也是一扇发现并激发孩子的兴趣潜能的窗口。最终，我选择给孩子们报名参加了少数几门诸如音乐、美术和体育等主要以陶冶情操和放松身心为主的兴趣课程，因为这些课程确实需要"师傅领进门"。当然，报名之前我也让他们加入讨论并做出选择，确保他们有一定兴趣和毅力去学习，在上满一年的课程后，再与他们沟通讨论是否有兴趣接着深入学习。不过，即使让孩子们参加了兴趣班，我依旧会给他们留下很多自由玩耍的"弹性时间"。

在孩子的成长中适当地"留白"，是发现孩子潜能的前提条件，我把这一准则放在家庭教育的第一位。而"留白"后的时间拿来做什么？玩！但"玩"不代表家长完全放任，怎么"玩"才能充分启发孩子的好奇心，引导他们找到兴趣所在呢？

把工作带回家，启发孩子的探索欲

在我的采访中，我发现许多领航者都有一个共识：好奇心和想象力是他们创造创新的源泉。人类天性好奇，有一种与生俱来的欲望去探索未知及展开自身的想象力。而家庭，无疑是培养孩子的好奇心和求知欲最初与最好的土壤。

一些《领航者》嘉宾在接受采访时袒露，他们的父母在他们小时候经常看似无意地"把工作带回家"，无形中造就了一个让他们耳濡目染的天然实验室，诱导年幼的他们动手捣鼓。在不知不觉中，他们的父母在家办公的场景点燃了他们的好奇心和探索未知的欲望，同时，他们的父母也允许孩子随意摆弄带回家的各种零部件、材料和工具等，哪怕弄得一地狼藉，哪怕稍带风险，也支持他们自由自在尽情地"玩"，进行各种"发明制造"，最终孩子在

"玩"的过程中发现和培养了自己的兴趣爱好，甚至发展成终生的事业。

当然，这不是指被动地把工作带回家，使自己下班回家后仍深陷工作不能自拔，而是父母经过深思熟虑和细心策划，有意识地把一些孩子能够参与、也能启发孩子兴趣的工作带回家做。

12岁找到心中所愿，浓兴趣胜过好老师

爱彼迎联合创始人兼首席战略官内森·布莱卡斯亚克（Nathan Blecharczyk）出生在美国波士顿的一个中产家庭。12岁那年他就是因为好奇心，自学软件编程，并在中学期间靠给别人写代码赚到了近百万美元。与此同时，他的学业没有受到影响，以全校第一名的成绩考入了哈佛大学，后来创业一举成名，跻身全世界最年轻的亿万富翁行列。

这是典型的"别人家孩子"的辉煌成长历程。那他的父母究竟在这个过程中做了些什么？布莱卡斯亚克又为何从小会对编程感兴趣呢？

在对他的采访中我了解到，其实布莱卡斯亚克的父亲并没有刻意培养他对编程的兴趣或者教授他编程的知识。他的父亲是位工程师，所做的事只是"把工作带回家"。布莱卡斯亚克回忆道："小时候，父亲总是把工作上用到的电子产品带回家，并允许我动手拆装。"这是幼小的布莱卡斯亚克最爱做的游戏。有时候，有些器具他拆开后装不回去了，父亲也没有因此不高兴或者批评指责他，而是鼓励他继续动手捣鼓。

布莱卡斯亚克12岁时，有一次生病在家休息，闲来无事，便在

父亲的书架上找到一本关于如何在电脑上创建简单程序的书。这本书燃起了布莱卡斯亚克的好奇心，他开始自己在电脑上学习编程。关于编程的书大都非常厚，不容易读进去、弄明白，但出于浓厚的兴趣，布莱卡斯亚克硬是啃完了那些大部头。之后每个圣诞节和生日，他都向父母索要电脑编程书作为礼物。

后来，布莱卡斯亚克开始在网上发布他的作品，并留言道："如果你喜欢我发布的内容，请给我5美元。"他笑说："在网上挂出后，从来没有人给过我5美元。然而，在我14岁时，我突然接到了一个电话：'我偶然看到你在网上发布的内容，我想花1000美元请你来做一个类似但有点不同的东西。'"当布莱卡斯亚克告诉家人网上有人声称要付1000美元让他编程时，他的父母笑了，认为那像是一个骗局。但14岁的布莱卡斯亚克却认为无所谓：反正这是自己的爱好，自己一直以来都在免费做。30天后，布莱卡斯亚克完成了对方的要求，并且真的收到了1000美元，接着这个客户又把他转介给了其他客户。就这样，在接下来的四年半里，他开办了一家公司。通过这项业务，在高中时期赚了近百万美元。

适宜探索的家庭环境使布莱卡斯亚克在少年时期便找到了自己的兴趣所在，在"小成功"所创造的正向反馈中不断累积着自信，陪伴他攀登一座又一座高峰。关于自己的成功经历，他分享了自己年少时候的经验教训："第一，我可以自学所有技能。虽然我没有接受过培训，也没有在学校课堂里学习过，但我可以通过阅读自学，沿着我想走的路一直走下去；第二，编程获得第一笔薪酬的时候，我突然意识到我能创造出人们需要的东西，而且他们会付钱给我，就决心和信心而言，这是非常重要的一堂课。"

把工作带回家，启发孩子的探索欲

幼年时从父亲带回家的工作中燃起激情

另一位《领航者》嘉宾，全球顶尖的科学研究院——享有"以色列科技研发大脑"之称的魏茨曼科学研究院的前院长丹尼尔·札夫曼告诉我，他对科学的兴趣同样得益于父亲经常把"工作带回家"，从小为他在家里营造了一个良好的工程氛围，创造了适宜探索的宽松环境。

札夫曼的父亲是名电气工程师，他允许札夫曼从小在家摆弄各种小零件和小玩意儿，札夫曼甚至在学会阅读之前就知道了如何制作电路。父亲告诉他，只要恪守安全注意事项，不烧掉家里的工作室，就可以在那里做任何他想做的事情。对札夫曼而言，父亲的工作室就像一个巨大的游乐场。他回想道，小时候自己曾不小心被电流击中过几次，那种灼痛感对于一个孩子来说是不小的惊吓，但是父母仍然没有阻止他继续玩耍。他由此领悟到，学习正是需要通过不断的试错来积累经验。

"对我来说，这就是在玩！电流击中没什么，却使我从中学到了很多关于电力和电子的知识，并试图了解它们是如何运作的。"札夫曼认为，孩童时代的动手实践激发了他对物理学原理的好奇心和思考。

札夫曼对他"玩"的事情充满了激情，但他那时并不明白实验背后的相关原理，这曾让年幼的札夫曼感到沮丧。不过失落感恰好触发了他要搞清楚这些问题的动机，促使他下决心进入高校学习物理。"我记得在读大学本科时，有一天我理解了某种物理学原理，突然想通了我12岁那年做的一个实验。我意识到了这种联系，让我异常兴奋。"札夫曼少年时的热情和兴趣形成了他学习知识与探索未知的良性循环。小时候，他在"玩"中产生一串问号，燃起他对于这个领域更浓烈的热情；而动手实践的过程则启蒙了札夫曼孩童时代的兴趣与方向，驱动成年之后的他继续在挚爱的领域里深耕探索，发明创新。

在孩子眼中，知识无分难易，只分有趣和无趣

在前面两位领航者的故事中，我们发现了父母在家设置一个适宜探索的环境对点燃孩子的兴趣所发挥的重要作用，但并不是只有工程师爸爸才能"把工作带回家"并启发孩子对科技的兴趣。

我是学文科专业的，对科技知识的了解并不多，但通过《领航者》这个节目，我从多位走在全球科技最前沿的嘉宾身上了解到许多精辟深刻的见解，自己也抓住这个难得的机会收获了很多科技知识。在准备采访提纲时，我需要查阅大量的相关书籍和资料，因此，每采访一位嘉宾，就相当于结识了一位带我进入某个领域的资深向导。每次做完前沿科技的采访，回到家我都会跟儿子们分享访谈内容。很多家长可能会觉得，孩子这么小能听懂吗？实际上，我认为知识对于孩子来说，无分难易，只分有趣和无趣。如果把晦涩的知识变得有趣好玩，就有可能激发孩子的好奇心，启发他们积极探索的欲望。家长要学会巧妙地引导孩子学习而不是强迫孩子学习。

从儿子们很小开始，我和先生便常跟他们分享许多知识。虽然他们当时对这些内容也许并不能完全理解，常常会无意识地遗忘掉许多信息细节，但接触同一类信息的机会多了，能理解吸收的知识就会越来越多。

　　大儿子读幼儿园中班时，有一次老师在课堂上让学生们轮流介绍一种交通工具。大多数小朋友讲的是飞机、火车、小汽车等耳熟能详的交通工具，他则分享了自己理解中的无人驾驶汽车。老师告诉我，4岁的他是这样讲述的："人们不用自己动手开车，跟汽车说去哪里，它就会去哪里，而且人们可以在车上做很多有趣的事情。"虽然他的语言很稚嫩，但对无人驾驶的基本理解是对的，可以看出他汲取了平时我给他分享的信息。

　　我之前采访了人工智能机器人公司优必选的创始人周剑，在探讨机器人在未来社会扮演的角色时，我说我无法想象在未来，机器人会成为可以被信任的家庭成员，陪伴孩子长大，甚至可能还会像电影里那样，"升级"为人类恋爱的对象。晚上回到家，我像往常一样跟当时才5岁的大儿子分享采访内容，他随即对能够与人对话的阿尔法机器人产生了浓厚的兴趣，硬是拉着我聊了一个多小时还不肯入睡。

　　"妈妈，你带我去和阿尔法见面好不好？我每天能和它视频聊天……"大儿子说到阿尔法，就仿佛在聊一位神交已久的好伙伴。我打趣他："跟妈妈对话不更好吗？妈妈爱你，机器人又没有情感。"他居然不假思索地说："陪伴时间长了，互相了解了，不就爱了吗？"说完，他又灵机一动，说了一番令我对他刮目相看的话："机器人可以24小时不用休息不停地运作，以后许多事情都交给他们做了，妈妈就不用常去上班，可以留在家里好好陪我玩了。"我笑着说："妈妈很幸运，去工作是因为我喜欢自己的工作，不是迫不得已才去。但确实，未来机器人可以代替人做一些人们不喜欢做的工作。"

与优必选阿尔法机器人互动

随后，小小的他还十分认真地提出一点："如果以后家庭机器人这么了解我们，掌握了我们所有的信息，那坏人是不是偷了或抢了我们家的机器人，就会知道我们家所有的信息呢？要是家庭机器人被坏人控制了怎么办？"还没等我回应，他自己又想了想说："不怕的，我们拔掉机器人的插头就好了，因为机器人需要电。"

你看，短短一小段对话，就可以感觉到他其实已经道破了智能机器人的几大特征以及人类应用机器人后将要面对和解决的主要问题。同时也表明他已经理解了我跟他曾分享的很多采访内容。他说他想要创造能变形、能走路跑步、能对话的变形金刚。我告诉他，这个想法很好，但需要付出很多努力实现它，周剑叔叔花了5年时间卖了3套房3辆车才完成机器人一个关节的研究。大儿子愣了，表示不理解为什么要花这么多钱和时间，我又跟他解释了一番科学研究取得突破的不易。后来大儿子在遇到具有挑战性和难度较大的事情时，他都会想起周剑叔叔的这个故事，启发他持有自己的看法并坚持把事情做好，无意间给了他前进的动力。

父母不仅可以把"工作带回家"并与孩子分享工作的内容，如有合适机会，还可以让孩子参与你的工作。比如我有时采访嘉宾，只要场合允许，便会带上儿子们一起去。在这个过程中，可以让他们从旁倾听采访的内容，更重要的是，使他们意识到自己不是世界的中心，大家不会围着他们转，而要作为团队的一分子去配合别人开展工作。有合适的机会，我还会带儿子们一起去参观一些科技前沿公司。在潜移默化中，大儿子对科技产生了浓厚兴趣，立志长大要当一名科学家。

我在采访嘉宾的身上会学到一些趣味十足的知识，这些知识在辅导孩子的过程中有时不知不觉起到了奇妙的作用。比如，我的大儿子很喜欢学习中国历史，但历史知识往往比较繁杂难记。后来我有幸采访了哈佛大学教授、著名汉学家柯伟林（William Kirby），他谈及教育时，认为很多历史知识应该是有趣、好记、易传播的。他和另一位哈佛大学教授包弼德（Peter Bol）用经典童谣《两只老虎》的曲子改编了一首"中国朝代歌"，将中国各朝代名编进歌词里，朗朗上口，易学有趣，儿子们听了几遍就记住了。

其实这些只是工作中可以顺带做的事情，也并不是非要孩子将来走某一条固定的人生道路，但这种让孩子从小耳濡目染的经历和开放式、引导式的学习方式，对孩子未来的人生道路和事业选择会产生深远的影响。

幼儿阶段以"玩"为主，助力增强学龄期的学习曲线

"玩"对孩子来说很重要，哈佛大学教育专家托尼·瓦格纳（Tony Wagner）在《创新者的培养》一书中谈道，成功的创新者在年轻时并没少玩，但他们玩耍的内容和方式与大多数儿童相比，往往没有那么结构化。

非结构化游戏是一种开放式的、不是由大人而是由孩子自己主导的游戏，父母、老师和其他成年人不给出特定的指示，没有特定的方法，也没有特定的学习目标，通俗地说，就是让孩子自由自在地玩耍。非结构化游戏是一扇寓教于乐的新大门，它能使孩子们有机会去探索和尝试新东西，有机会面对困难和失败，培养分析解决问题的能力，并学会与人交往和处理矛盾冲突，这对孩子的一生大有裨益。

斯坦福大学Bing幼儿园："玩"就是我们的核心教育

在美国斯坦福大学有一所名叫Bing的幼儿园，它的教育方式就是以"玩"为中心。作为斯坦福大学心理学系教学科研的一部分，这所走过半个多世纪的研究型幼儿园一直走在全球幼儿教育创新的前沿。

非结构化游戏是Bing幼儿园始终坚持的核心教学手段之一。第一次参访这所孩子的乐园时，我了解到孩子们的日常玩具——颜料和手工材料、彩泥、各种角色扮演的道具、积木和拼图、沙子和水，这让我感到有些意外。幼儿园负责人詹妮弗·温特斯（Jennifer

Winters）兴奋地与我讲解，从室内到户外的所有玩具都可以供孩子们任意分拆、组合和搭建，老师们也不会事先准备好每天要教授的结构化课程，只是从旁观察或陪孩子们玩，在玩的过程中顺应孩子的兴趣提出开放式问题和解答孩子们提出的问题，从而传授语言、数学等知识和生活常识。园方坚信，这种游戏方式对于培养孩子的学习兴趣和逻辑思维非常重要。

我提出疑问，幼儿园按照这样自由玩乐的培养方式，而不是传统的结构化教学，到了小学阶段，孩子们需要系统学习各科知识的时候能跟得上学校的课程要求吗？

温特斯坦诚地告诉我，这样成长起来的孩子确实在刚上小学时会面临幼儿园与小学衔接的问题，因为小学低年级要学习的很多知识在幼儿园没有教过，孩子刚开始时可能学习会吃力一些。但他们经过多年的追踪调查和研究发现，从小学三四年级开始，这些曾在幼儿园玩乐长大的孩子的理解能力和逻辑思维能力会逐渐显现其优势，而且他们的学习曲线在总体上会比那些只接受结构化教学的孩子发展趋势更好。以非结构化游戏为主的教学方式让孩子学会了观察与发现问题，主动思考用不同的方法去解决问题。更重要的是，这种教学方式启发了孩子从小对学习的兴趣，因而到小学后，一旦他们适应了新的学习要求和环境，便能更好地掌握学习和思考问题的方法，取得更好的学习成效。

少儿编程之父、乐高教育理念奠基人、麻省理工学院媒体实验室教授米切尔·雷斯尼克（Mitchel Resnick）写了一本书叫《终身幼儿园》（*Lifelong Kindergarten*），他提出孩子是通过"玩"而学，我们一辈子的学习都应仿效幼儿园以"玩"为中心的教育，在生活或"仿真"生活的项目中通过想象、创造、游戏、分享、反思再到想象，进入创造性学习螺旋的过程，在动手实践和体验式的互动中构建知识。

哈佛大学教育专家：超前教育是事半功倍还是揠苗助长？

也许一些家长对开展以"玩"为中心的幼儿教育方式尚存顾虑，担心孩子落后于其他把小学课程前移至幼儿园学习的孩子们。那我们不妨进一步了解，超前教育是否真的有效？

哈佛大学教育学院教授凯瑟琳·斯诺（Catherine E. Snow）通过多年的研究发现，很多在上小学前接受超前教育的孩子，在认字写字和解答数学题等方面的能力确实比同龄的孩子强些，但孩子的学习认知发展有阶段性，超前教育并不符合孩子的成长规律。如果我们根据孩子的成长规律，让孩子在合适的年龄做合适的事情，会达到事半功倍的效果。比如，倘若我们在幼儿园阶段教孩子识字和算术，进展可能会比较慢，而等到孩子上小学后再学习这些知识，效率会更高（音乐、美术、体育类学习除外）。由此可得知一个结论：超前学习知识的效率并不高。很多孩子虽然没有在幼儿园阶段超前学习，但到了小学用不了多久就能把学习进度追回来，甚至思维能力和动手解决问题的能力更强，也更爱学习。既然如此，何必在孩子该玩的时候不让他们玩，而是逼迫他们愁眉苦脸地超前学习呢？

开放式玩乐，到底怎么玩？

我是非结构化游戏的坚定支持者。在日常生活中，我发现，我不需要填满孩子的时间，也不需要每时每刻陪他们玩，而需要时不时在孩子感到无聊的时候，留出"空白时间"让他们自己去发呆和玩耍。孩子体验过独自玩耍、发呆的时光后，才能逐渐学会自己找乐子，并催生出诸多创意点子。在我们家里，儿子们几乎永远不会感到烦闷，他们知道如何在没有电子设备且没有很多玩具的情况下娱乐。据我的观察，孩子们的非结构化玩乐方式比大人想象的更丰富多彩，其实他们的小脑袋里早

儿子们用纸皮制成的盾牌和刀剑

已承载并发掘了许多有创意的玩乐方式。当然，放手让孩子玩对父母来说也存在一些挑战，毕竟孩子的想象力非常丰富，父母不一定对他们喜欢"玩"的东西都能全然理解和接受。比如，大儿子读幼儿园期间连续两个月每天放学回家要演绎《狮子王》的故事；疫情期间在家里，大儿子和二儿子连续两个月几乎每天都拿着自己用纸皮箱剪出来的刀剑、盾牌打斗，嘴里说着即兴编撰的对白……虽然这种自由玩乐的方式值得鼓励，但不得不承认，持续每天在"打打杀杀"的吵闹中度过确实让我感到困扰，以至于在允许他们玩了整

废弃纸箱、吸管、CD 等
制成的消防车

孩子在创作"抽象派"画作

纸盘子做成的小手工

捡回来的树叶拼成的画

能拉出丝的"史莱姆"

卷笔芯做成的手工制品

整两个月后，我不得不耐心引导他们玩点别的。

当然，除了让他们自己玩耍，我也会经常陪儿子们玩，享受和他们一起游

儿子的实验手工材料收集柜

戏的快乐。市场上提供给孩子的玩具五花八门，应有尽有。作为家长，我之前也时常觉得眼花缭乱，对要买什么书和玩具给儿子们感到异常头痛。经过长时间的观察、学习和实践，我稍微理清了一些头绪。

我比较推荐购买那些能让孩子自由组合、拼装的开放式玩具，例如乐高、拼图、积木、黏土以及绘画、小手工和小实验所需的各类材料。如果孩子们喜欢角色扮演游戏，还可以自制或购买一些服装道具、魔术工具或厨房玩具等。我在家里专门腾出一个大柜子，用来放置孩子们常用的实验手工材料。家里那些废弃的纸箱、纸巾盒、厕纸芯、塑料瓶等我也会储存起来，给儿子们当手工材料，变废为宝，让他们根据兴趣去设计和创造不同的主题作品。比如，我和儿子们用纸箱、废纸、纸盘创造海底世界，然后用眼罩蒙着一只眼睛并戴上帽子，扮演海盗出海捕鱼和寻宝；用厕纸芯做成苹果树和椰子树，扮成小猴子上树采水果并分给其他小动物吃；用棉花和废纸做出冰雪天地，扮成小企鹅跳踢踏舞；用胶带做成停车场，用大纸箱制作消防车、警车等，到儿子们喜欢的各个地方出游；用家

里的厨房工具布置成超市和餐厅，用废纸自制不同面额的纸币，去超市买东西，在餐厅点餐；拿着各种道具扮演医生，给家里的小动物们看病开药做手术；在家里组乐团给小动物们举办音乐会，进行音乐巡游；还有马戏表演、魔术表演、捉迷藏、接力赛……游戏的方式五花八门，多姿多彩，儿子们怎么玩都不累。

与儿子们一起动手做小实验、小手工、玩角色扮演游戏或是去户外活动时，我在其中的作用是启蒙、引导，鼓励他们自由发挥。陪儿子们玩的时候，一开始我的身份更像"老师"。我会提前"备课"，上网搜寻各种好玩的小实验、小手工的实例，然后准备好材料，让他们跟着我一起动手。在领着儿子们玩了一两年后，他们便开始主动发挥，将不同的材料随意组合，自由玩耍。比如，儿子们跟着我用多种不同的材料及方式做过"史莱姆"（Slime）后，就把胶水和牙膏、彩泥、洗手液、洗衣液、洗洁精、小苏打粉、剃须膏等任意搭配，创作自己的"史莱姆"。虽然就是一团泥，但是用不同的添加物可以创作出不同的手感的"史莱姆"，有的"史莱姆"还可以拉长至几十倍，特别好玩。

可想而知，在让孩子自由玩乐的过程中，自然会出现很多让家长感到头疼的"脏""乱"现象，我们家里

1 岁的小儿子也加入了创作阵营

大儿子和二儿子正在进行各种创作

经常一片狼藉，面目全非。我要求儿子们在自由玩耍结束后一起收拾"残局"，但我从不阻止他们的发挥和创作。如果孩子一直规规矩矩地按照大人的标准去约束自己，那还是孩子吗？对于孩子而言，这个"脏""乱"的过程能启发他们的兴趣爱好，也正是他们可以任意发挥创意和想象力的最佳环境。

孩子深受每天所处环境里的玩具、工具和材料的影响。我相信，家庭教育的重点不在于教授孩子创造力，而是创设一个丰富多彩的环境，让孩子与生俱来的"好奇种子"在这片沃土里汲取营养并生根、发芽、成长。随着孩子探索欲的逐渐萌发，童心深处更多的灵光会被逐渐唤醒。

小孩子也能做"大研究"

除了自由玩耍，我还会时不时带领儿子们开展一些有点难度的小项目，引导他们拓展新知，培养他们的研究能力。大儿子6岁时受到迪士尼动画电影《超能陆战队》中纳米机器人的启发，想做个纳米医疗机器人，我便陪着他一起动手。

首先，我们一起上网查找相关信息。他提出问题，由我提供检索帮助，一层一层地了解纳米机器人现在和未来能做什么，在现实生活中，它长什么样子，是怎么进入人体内的，人体的构造及血管的流向又是怎样的，等等。我们把搜索到的图片全部打印出来，摊在地上展开设计构想。大儿子从未系统地学过画画，画得还很稚嫩，我和他一起商量讨论，设计出图画的内容，确定了大致比例，他就自己动手画草图、涂颜色，最终创作了一幅名为《纳米机器人：未来的医生》的图画。

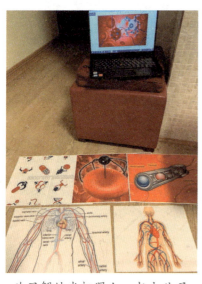

为了解纳米机器人，与大儿子
一同搜集资料

大儿子正在画纳米机器人

　　大儿子对纳米机器人的名字、作用、各部位功能都做了说明。在他的设计里，未来医生通过针筒将纳米机器人注射进人体，纳米机器人就能自动检查人体的内脏，它自带的摄像头可以360度转向，让医生看清人体内各个器官，并自动生成身体检查报告；然后医生再次注射纳米机器人进入人体，在特定部位放置药物，修补细胞，杀死坏细胞，做手术编辑突变的基因等。

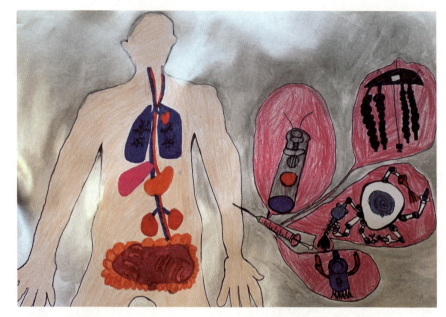

大儿子 6 岁时画的《纳米机器人：未来的医生》

　　这个过程既是很好的亲子时光，也能帮助孩子认识到如何找到自己感兴趣的相关问题，通过多种渠道搜索资料，再根据这些基础信息，提出自己的设计想法，并最终把它呈现出来。即便孩子的语言和画作比较稚嫩，但依然能拓展他的想象力与思维力，提高他动手做研究的能力。

　　家里有了一个很好的探索和玩乐环境，孩子们经常玩得不亦乐乎。所谓放手让孩子"玩"，并不是让孩子无约束地看电视、玩电脑、打游戏机，也不是无底线地给孩子们买新玩具，而是父母主动为孩子设计、营造适宜探索学习的家庭环境。这对于家长来说是一门重要的学问。童年时期那些颇有创意的玩乐，很可能引发孩子们对某种事物产生浓厚的兴趣，而这种兴趣和热情如果能被很好地呵护培养，遇到适宜的环境与时机时也许就能开花结果，甚至发展成为孩子未来的事业和人生目标。这番悉心引导的"玩"也有助于启发孩子的好奇心和激发他们的内在动力，而这些正是推动成功的创新者长期投入事业和保持创造力的关键。

鼓励孩子多提问和敢于挑战权威

时代如洪流，迅速迭代且澎湃。科技发展的日新月异，要求人们必须不断地更新自己的知识。我们只有对各类新生事物保持求知和探索的热情，才能跟得上世界发展的步伐。而不断提升自己认知水平的重要方式之一，便是学会提出问题，通过提问启发进一步去探索答案。这个探索答案的过程，能促使我们更深入地理解和应用知识，而善于发现和提出恰当的问题，往往比找到答案更为重要。好的问题不仅能给人们带来更深入的思考理解，还能让人们跳出原有的思维框架，考虑新的可能性，思考探求新的未知，而这往往就是创新的前夜。

因此，父母应该允许和鼓励孩子质疑原有的知识和定论，勇于挑战权威，大胆发问为什么，然后耐心地引导孩子寻求答案和解决问题。当家长不知道问题答案时，可以尝试放下身段，陪孩子一起翻阅书籍，或者上网搜寻答案，切忌不懂装懂，信口开河，搪塞孩子提出的问题。此外，通过温暖亲密的亲子互动而进行的学习，能让孩子在提问时更具安全感，从而养成敢于提问和质疑的习惯，保持好奇心和创新精神。

引导孩子在看似天经地义的事情中不断发问

犹太民族与我们中华民族一样，素以重视教育闻名于世。但犹太民族的教育有一个值得我们学习的特别之处，就是注重培养孩子从小敢于提出问题和挑战权威，倡导以问题导向驱动的教学方式。他们认为，只坐在教室认真听课、记笔记和回答问题并不是好的学习方法，倘若不能提出问题，就无法被认定为好学生。

以色列国防军和国防部前研发负责人艾萨克·本-伊斯雷尔（Isaac Ben-Israel），策划领导了以色列国家网络安全计划和国家人工智能计划。本-伊斯雷尔的战略眼光和博大胸怀，离不开母亲从小对他的启发和培养。

本-伊斯雷尔在采访中与我分享，他刚上小学时，有一次老师在课堂上讲述犹太人传统节日——逾越节的由来。故事里讲到，摩西和亚伦遵照上帝指示，带领犹太人穿越大海逃离埃及。回到家后，他把这个故事讲给母亲听，母亲随即问了一个问题："为什么亚伦被任命为大祭司，而不是摩西？"本-伊斯雷尔一脸茫然："这个……我不知道，老师没有讲这个问题。"母亲接着又问："那你请教老师了吗？"本-伊斯雷尔摇摇头。母亲便让他第二天向老师请教这个问题。

第二天，本-伊斯雷尔向老师请教这个问题，老师给他讲了更多的细节：摩西口齿不流利，不善言谈，担心自己不能胜任，而亚伦经常帮助他，时常替他发言，自然被任命为大祭司。本-伊斯雷尔回家后一脸高兴地将老师的讲解告诉母亲，没料到母亲又问："你确定是这样的吗？你自己心里也这么认为吗？"引导本-伊斯雷尔进一步思考。

这就是典型的犹太民族的教育方法：在看似约定俗成、天经地义的事情中不断发问："为什么是这样？""真的是这样吗？"非要打破砂锅问到底不可。但犹太人并不止于提出问题，更是把这种质疑的精神带进研究和创造的过程中，不断地思考如何改进、完善和拓展科研的方向和方法，从而不断研发创造出一些新的技术和产品。

常问"为什么不行？"

另一位《领航者》嘉宾、香港新世界发展有限公司执行副主席兼行政总裁郑志刚在接任价值千亿的集团董事长职位时，便立志不做守成人，而要当一名继续创业者。一方面，他坚决变革企业内部的管理体制和运行机制，大刀阔斧地改革创新，使创办了90年的周大福品牌和享誉半个世纪的新世界集团实现转型和"年轻化"；另一方面，他打造数个全新项目，盘活集团的资源与业务板块，使各项业务之间产生化学效应，互相助力。郑志刚的年轻有为，与其早年所接受的启发式家庭教育有着很深的渊源。

郑志刚从小就表现出充满好奇心和求知欲的特性，喜欢对生活中的各种事物提出疑问，追问事情背后的原因，了解背后的故事。他的父母一直悉心保护他的好奇心，鼓励他去接触多个不同的领域，发展各方面的兴趣爱好，对他非常信任支持，放手让他自己做选择，在尝试中让郑志刚逐步找到自己喜欢和擅长的领域，再给予资源帮助他发展这方面的兴趣爱好，使他逐步建立自信。

父亲郑家纯一直是郑志刚心目中的英雄。从父亲身体力行的经

鼓励孩子多提问和敢于挑战权威

历中，郑志刚学习到的一个重要处世哲学是保持谦逊，勤学好问。这也是自祖父起传承下来的家庭教育。遇到不理解的地方，一定要保持开放的思维，虚心接受更多的可能性，这样才能充分了解事情的方方面面，从而找到解决问题的最佳答案。

长大后肩负管理家族企业重任的郑志刚，更是不拘泥于人们似乎已达成的共识。他总爱挂在嘴边的一句话就是："为什么不行？""为什么中国原创的品牌不可能全球化？你越对我说NO，我越要问为什么。为什么NO？"对于一些既有的条条框框，郑志刚总是要弄清楚："这个框框是谁定的？是100年前的框框吗？我不是说一定要打破它，但我可不可以对此加以改良呢？"他坦言，自己永远都在思考这些问题，乐于挑战看似做不到的事情。这种自信的建立，除了源于他在近十几年各种创新项目中获得成功后慢慢积累起来的自信心，更是因为从小父母不断支持鼓励他勇于提出疑问和一直以来对他的信任。正是凭借这份深入骨髓的挑战精神，他才能以创新思维去经营一套集传统商业与文化艺术为一体的新模式，打造香港乃至大湾区的"商业文化硅谷"。

父亲的稿子让我随意改

家长允许孩子挑战权威和对孩子给予充分信任的重要性，我自己亦感同身受。从小，我的父母就把我视为家庭中重要的一分子，与我商谈讨论许多事情的同时鼓励我多提问，允许我提出与父母和其他人不一样的意见和看法，并且认真对待我的意见。在某些比较重要的问题上，如果一家三口意见不一致，有时还会采取民主投票的方式做出决定，在家里形成了民主宽松的环境。

父母的信任使我乐于与他们分享学到的新东西，讨论遇到的人生问题和时政大事。不管我说的事情多么天真幼稚，他们从来不会报以轻视的态度。记得我刚到美国加州上高二时，参加了学校组织的一个倡导环保的活动，活动嘉宾分享了各自拟选择的生活方式，比如说骑自行车而不是开汽车上班，手洗衣服而不用洗衣机，选择远离大城市的生活等。当时我天真地以为那些就是美国主流社会的选择，兴奋地跟父母分享。他们听后心平气和地告诉我，那应该不是美国社会的主流认识，美国当前仍然是世界上消耗和浪费资源极为严重的国家之一，不过现在美国一些社会精英已开始意识到节约资源和保护环境的重要性，做出了不一样的选择。父母完全是以平和的态度和我平等讨论，丝毫没有嘲笑或忽视我的见解。

　　从小我就喜欢把写完的文稿给父亲看，请他帮我修改润色，我因此受益于父亲的思想和文笔。与此同时，父亲也允许我修改他写的文章。小学六年级的一天，我放学回到家里，无意瞧见父亲书桌上放着一篇打印好的文章，于是兴奋地拿起来阅读并随笔修改。父亲回家看到稿件上那稚嫩的涂涂改改，没有不高兴，还表扬我改得很好。后来，那篇文章在报刊上发表，他还指给我看哪些地方采纳了我的修改意见。受到鼓舞的我沾沾自喜，后来更是"肆无忌惮"地修改父亲的文章。父亲总是笑笑说，只有我一个人会修改他写的东西。当时的我并没有领会其中的意思。等到我三十多岁，有一次聊起这些陈年趣事，父亲才告诉我，他写的稿子一般连报刊的总编辑都只字不改，而他当年为了培养我的自信，鼓励我独立思考并且敢于提出质疑，故允许且鼓励我改动他的文章并尽量采用我的修改。

　　父母的支持和信任在很大程度上培养了我的自信和思维的开放，让我终身受益。

儿子的十万个为什么

值得庆幸的是，这种宽松、民主、和谐的家风，在我们家传承了下来。我在养育自己孩子的时候，也鼓励他们凡事多问为什么。孩子们生性好奇，从会说话开始，他们的脑袋里就装着很多疑问，这个世界有太多他们还不能理解的事物。因此，他们提出各种各样的"为什么"是再正常不过的事情，需要父母鼓励和悉心保护。孩子的年龄越小，问出的问题就越是五花八门。有些家长容易对孩子提出的问题产生烦躁情绪，忽略他们提问，有些会无意识地笑话孩子提出的问题幼稚，更有甚者还批评责骂他们，这无形中扼杀了孩子的创造力。

我的儿子们也一样，能问出"十万个为什么"，总有问不完的问题，我笑称他们是"问题宝宝"。对生活中看到的各种事物的原理问题，关于动物的种种问题，如为什么摸不到空气，海水为什么是蓝的，海鳗怎么吃八爪鱼和蚂蚁如何生宝宝，等等。甚至还能问出一些带哲学性的问题，如地球和宇宙从哪里来，爱是什么，为什么要把他生出来，为什么会有坏人，人死了以后去哪里等。他们的脑袋里装满了许多我从来没想过的问题。我和先生坚持一条原则，就是充分尊重他们提出的疑问，鼓励他们敢于质疑，保护他们敢于提问和探究学习的积极性。有时，儿子们提出的问题我们回答不上来，便坦然跟他们承认，然后和他们一起去书本或网上寻找答案，把他们当成平等相待共同学习的朋友。

大儿子7岁时，有一天想翻看我手机里前一天拍的照片。他的人脸信息已经收录进我的手机了，可以直接通过人脸识别功能打开手机。对成人来说人脸识别功能不算陌生，但那天他突然问我，手机为什么可以识别人脸？

我耐心跟他解释，手机人脸识别系统是通过识别人脸的骨骼结构而运作的，就算人的年纪大了，或者做了整容手术，还是会被识别出来。比如，人脸识别现在常应用于缉拿逃犯，即使逃犯刻意化妆或者整容，人脸识别系统还是能够把他们识别出来，帮助警察把坏人捉拿归案。

听到整容，大儿子话题一转，好奇地问整容是怎么一回事。我从整容的历史说起，告诉他整容起初是烧伤或者受到其他伤害导致脸部毁容的人才需要进行的手术。但后来，越来越多的普通人为了追求漂亮也去做整容手术了。

大儿子接着天真地问道，人整完容会不会看起来都一样？我告诉他，虽然不会出现两个一模一样的人，但全球审美标准确实在逐步趋同。我又把这个话题展开来给他讲解，告诉他，人们的审美标准往往被主流媒体主导，一个国家越强大，媒体产业越发达，就拥有越大的影响力去引领全球的标准，审美标准便是其中之一。我告诉他这不一定是好事情，而是全球化带来的一个副作用。因为这个世界本来应该百花齐放、多姿多彩，各个国家、各个民族的历史文化不一样，审美的标准也应该有所不同，各花入各眼，为什么非要大家长同一个样子才叫美呢？比如，由于某些媒体的盲目引导，导致有些女孩子一味追求瘦，认为那才是美，甚至因为过度节食而得了厌食症。

新话题一开，大儿子仿佛发现了新大陆，两眼放光、饶有兴趣地听我讲述。我接着讲，过度追求瘦当然是不好的，但过度肥胖也

鼓励孩子多提问和敢于挑战权威

不好。大儿子马上问，那胖的人是不是因为他们自己吃太多、吃不健康的食物，或是不做运动造成的呢？我告诉他，有些人确实是像他说的那样因不自律而导致肥胖，但也有一部分人是因为生病了，由于药物作用变胖。另外，还有一个可能是，在许多地方，吃一顿不那么健康的快餐比吃一顿营养均衡的饭要便宜得多，所以一些生活比较窘迫的人只能经常吃不健康快餐，造成身体发胖，这也是当前全球亟待解决的问题之一。

大儿子思考了几秒后，又问，那为什么政府不把健康食品变便宜一点，让大家都能买得起呢？我告诉他这并非易事，因为现在餐饮业基本上被一些大型餐饮公司垄断，那些设有中央厨房的大型餐饮店，一个厨房可以做10家或者更多分店的餐食，共享厨师、设备，再加上标准化的运作，成本自然会低很多。而一间提供健康食品的小型餐厅，同样需要配备厨房、厨师、服务员等，成本就会比大型餐厅高。由此，我们又谈到了做生意的成本和利润等问题。

一连串问答下来，你会发现，这个过程其实就像"套娃"一样，随着我的深入解释，大儿子的问题一个接着一个。我和先生每次都会像这样认真耐心地回答他们的问题，鼓励他们多提问，并和他们一起寻找答案，而不是把自己塑造成一个什么都懂的"百事通"。当孩子连环炮似的提出问题时，父母不要烦躁，不要忽略，更不能漠然置之不予回应，一定要以平等相待的态度、共同学习探讨的心态，与孩子一起讨论，寻求答案。

提问是孩子的本能。有研究人员在一个儿童语言数据库中发现：孩子平日的对话中充满了各种问题，寻求信息的问题远远多于"我能不能做什么"这类请求式的问题。据统计，孩子平均一小时竟能问出75~150个问题。这就意味着，如果父母每天与孩子对话3小时，孩子一年大约可以问出10万个问题。父母若认真对待这些问题，就可以把这10万个问题变成10万个学习机会，也许可以由这些问题进一步发掘孩子的兴趣所在。我在读爱因斯坦和达·芬奇的传记时，被他们一直能保持孩童时对周遭世界的好奇心和纯粹为了探索知识的乐趣而不断学习所深深打动。孩子天生好奇，但在成长的路上，生活日渐忙碌，就忘记了再去问为什么，而我希望能让孩子不要停止对这个世界的好奇与探索。

如何在尊重权威和挑战权威之间取得平衡

中国家庭非常强调孩子要乖巧和顺从。很多孩子放学回到家，父母经常关心的第一个问题是："你今天在学校乖不乖，有没有听老师话？"老师向家长表扬孩子，也会经常说孩子在学校很乖。"乖"似乎就是最高的美德和评价。但做个"乖"孩子真的那么重要吗？

爱因斯坦曾感叹，自己只能成为一名中等生，因为如果要成为一名优等生，就必须遵守纪律，很认真地记笔记、做功课，反复做习题，把所有的精力都放在学校的功课和老师眼中的"正确"答案上，而没有自己探索的时间和空间。"无论多好的食物强迫吃下去，总有一天会把胃口和肚子搞坏的。纯真的好奇心火花会渐渐地熄灭。"大师如爱因斯坦，都坦诚自己不能成为一个很乖的优等生。可见让孩子绝对顺从父母和老师，就很难成为顶尖的创新人才。但作为父母，当然希望孩子在家里能够乖巧听话，在学校尊重老师，遵守纪律，甚至走向社会，也要听从领导的话，才能在职场上吃得香。一个很现实的问题就是，究竟应该如何把握尊重权威和挑战权威之间的平衡呢？

回顾我的成长经历，我特别感恩父母和老师对自己不时挑战权威的呵护。我的初中是广东省非常优秀的中学之一，记得我上初二时，曾大胆给校长写过一封信表达自己的想法和建议。当时我看到，学校现有的体育场馆已经很不错了，政府为了进一步提升学校的硬件设施，又专门拨款给学校再新盖一个室内体育馆和演出舞台。"这难道不是政府经费使用不合理吗？"我写了一封名为"锦上添花不如雪中送炭"的长信发给校长，在信中阐述，政府这笔经费可以帮助建设多所乡村希望学校，我们学校的校舍建设不需要再做锦上添花的事情。我虽然没有得到校长的回复，但也没有受到批评。

我在初中时经常跟同学们大谈中国教育改革之迫切，还得到不少响应。后来，班主任找我到办公室谈话，心平气和地跟我说中国的教育体系不可能明天就改革，需要逐步推进，我这样整天跟同学们宣讲，害得大家无心准备考试，后果谁来负责？但她也没有批评我，只是劝我不要再到处宣讲。我从小热爱动物，到了中学上生物实验课需要动手操作动物解剖实验时，我实在下不了刀，甚至连老师和其他同学的试验台，我都不忍心去看。生物老师提醒我，生物课解剖实验很重要，如果我不肯动手，生物课只好给我打零分。即便如此，我还是执拗着不肯动手。但最后，生物老师还是选择包容理解，并没有给我打零分。

回想起来，我不是一个传统意义上特别乖巧和顺从听话的孩子，我从小就有很多想法和看法，不会绝对服从权威，但父母和老师们对我都很包容，而不是强行要我趋同。

在育儿过程中，如何引导孩子在尊重权威和挑战权威之间取得平衡也常常令我感到困惑纠结。在这里，我举自己的两个事例，希望共同探讨更好的解决办法。

大儿子现在上小学二年级，我发现他的理解能力和思维能力较强，所以在学校一些科目的课堂会因为学得比较快而感到无聊。这曾令我很头疼：孩子已经学会了，还要他坐好乖乖听课，确实有点无趣和浪费时间，而课堂上又不能不尊重老师。该怎么办呢？

针对这个问题，我和先生进行了多次探讨，最终做出了一个决定：尊重老师是前提，不允许故意找老师的茬；如果他觉得自己跟得上某几门科目的课程要求，并且测验分数也不错，则允许他带上一本自己喜欢看的书，在桌子底下偷偷地看。说真的，做出这个决定对于我们来说很不容易，也不鼓励其他孩子跟着这样做。但我想，如果他真的觉得无聊，听不进课又无事可做，可能会给课堂带来麻烦，影响反而不好。

还有一个事例。大儿子从小很喜欢画画，但从没学过，他上了小学后经常觉得自己画得不好。问其原因，他解释说是因为其他同学画得比自己好，得的分数比他高。我让他把老师评分最高的画给我看。确实，那幅画非常写实，还原度比较高，老师给他高分不足为奇。另外一些比较

大儿子的画《叶子》

抽象的画，评分就不高。比如老师叫学生们画叶子，大儿子没有画单纯的一片绿叶，而是用自己的理解画出了一幅彩色的稍微抽象一点的画，里面有非常丰富的线条、图案和色彩细节。这是我最喜欢的一幅画，但因为老师评分不高，他一直觉得这幅画画得很差。

这让我不由想起，在大儿子上幼儿园以前，他的画作天马行空，可以画出绿色的太阳和粉色的鱼，而且画里的故事也经常出人意料。比如猪可以把地球踢到月球；人身羊面的动物把背着的米散落一地；能带主人飞着去旅行的房子；等等。但他上了幼儿园以后，画的画开始变得比较规矩，有时候还会问我："妈妈，这个应该怎么画？"我会说，你想怎么画就怎么画，但他又问："这个应该长成什么样子的？这个应该是什么颜色的？"那时候，他开始觉得一定要按照事物原有的样子和颜色去画。因此，他也时常会参照一些实物作画，缺少了幼年时的想象和发挥。

大儿子3岁时的作品：人身羊面的动物把背着的米散落一地

过了一段时间，大儿子开始设计一些新东西，比如未来世界的武器、自己创作的各种超级英雄、未来世界的机器人等。步入小学以后又看出了他时不时很拘谨，他有时会思考什么样的画可以拿到高分——因为他觉得，好的分数很重要。我和先生跟他说，分数不是衡量的唯一标准，特别是艺术创作上本来就没有绝对的好坏高低之分，各花入各眼。要知道世界知名大画家凡·高在生前卖一幅画都很费劲，但后来他的画作都卖出了天价，得到全世界的认可。

我和儿子解释，老师的评分标准和他的创作可能不在同一个维度，老师可能以画的写实度作为评分标准，但他的画作更多地发挥了自己的创造力和想象力，打破了实物原有的样子，艺术创作没有那么多"应该怎么样"。我希望他可以按照自己的想象去发挥，不用参照太多标准。当然，一些绘画的基本功和技巧，像冷暖色、线条的勾勒、着色配色等，是需要学习的。在这基础上，他应该发挥自己所长，在自己的想象空间和维度里创作。

这个事例让我感悟很深。说实话，老师面对不同的学生，按照一个既有的标准去做出评价，看似是最容易施行和最公平的方法，就像考试成绩是评估学生学习效果最简单的方法。但是，不可否认，这样的方法很难培养出创新型人才。在这样标准化的评价体系里，孩子不但难以有突破的空间，还会不停被告知：你这样做不好，那样做不妥。于是，孩子往往只能委曲求全，收起棱角，被动长成一个中规中矩、不敢尝试创新突破的孩子。

家长都希望孩子在学校里是个"好学生"，回到家是个"乖孩子"，希望他们听话顺从，受到老师喜欢。但一旦过分地要求孩子顺从，他们的创造力和好奇心又很容易受到伤害。在当前的教育制度下，家长需要思考如何形成一个强大的支撑和反馈体系，时刻给孩子传达一个信息：不需要绝对服从权威，框框可以被打破，评判标准也不止一个。家长要尝试引导孩子在尊重权威和挑战权威之间找到一个平衡点，这非常不容易，但只有这样，才能逐渐为孩子打开一片广阔的天地，支持孩子尽情地发挥和想象，勇敢地创造创新，一步步找到真正的自己。

盈 思 盈 语

◆ 父母懂得在家庭教育中适当"留白"，孩子才有更多自主的空间来发觉内在的好奇心和自驱力。

◆ 知识对于孩子来说，无分难易，只分有趣和无趣。家长要巧妙地学会引导孩子因爱来学而不是"强迫"孩子无奈去学。

◆ 超前催孩子去学算数、多认字，只是大人们自以为是的培优计划，其实效率并不高，反而音乐、美术、体育可以根据孩子的兴趣早点开始接触。

◆ 我们不需要每时每刻陪孩子玩，给他们独自玩耍发呆的时间，他们才能学会自己找乐子，并催生创意。

◆ 当孩子连环炮似的向你抛出问题时，不要烦躁，不要忽略，把他们当作平等相待的朋友吧，一起寻找答案，发掘孩子的内在兴趣。

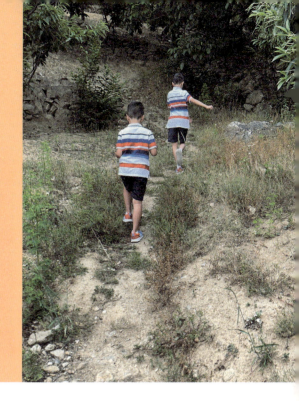

03 放手

——以同伴心态与孩子一起体味成长的甘苦

我们外包得越多，我们的孩子解决他们人生中遇到问题的能力就会越弱。

——克莱顿·克里斯坦森

如果家长对孩子的人生有更高的期待，那就得学会放手，让孩子面对困难，大胆试错，并在错误中经受历练。

——朱清时

最好的母爱是培养孩子勇于面对任何挫折和困难的坚强性格，以及独立生存的能力。

——董明珠

放 手　大儿子（8岁）

不要拉着我，

不要代替我，

只要看着我，

　　　适时帮助我。

小儿子1岁时
的作品

随着科技和知识迭代速度的加快，社会对于未来人才具备的素质要求也越发多元，其中拥有快速适应环境变化的能力、与人合作解决未知问题的能力以及心理承受力非常重要。在人生道路上只有砥砺前行，不断尝试，不畏困难和挑战，跌倒后仍能坚韧前行才能走得更远，笑到最后。那么，从家长的角度看，应该做些什么来帮助孩子培养上述多元化的能力呢？

收起你的越界包办与呵护

事事为孩子考虑周全、替他们提前铺平人生道路，似乎是每个家长的心愿和本能。很多父母早早就为子女谋划好前行轨迹，利用自己的资源和人生经验帮助孩子少走弯路，希望他们尽快找到通往成功的捷径。诚然，这乃人之常情，无可厚非。但要知道，这样做可能于事无补，甚至可能无形中扼杀孩子适应未来的能力，对孩子的身心成长有害无益。如果想助力孩子在今后的人生道路上走得更远，家长反而需要学会适当放手，不必过度包办、事事呵护，允许孩子在成长过程中逐渐学会独自面对未知、失败与挫折。其实，一个在学习和生活中经历过笑与泪的孩子，才能在未来竞争中走得更远更稳。

过度包办会养成迷茫的年轻人

哈佛大学商学院教授、"颠覆性创新"理论创始人克莱顿·克里斯坦森（Clayton Christensen）是世界著名的商业思想家，他所讲授的创新管理课是哈佛大学商学院最受欢迎的课程之一。我有幸上过他的课，读过他多本著作，也通过《领航者》采访了他并认识他的家人。每次与他交谈、看他写的书与文章，都能激发我很多思考。

克里斯坦森及夫人育有5个子女，他们喜欢让孩子们参与到日常的家庭事务和活动中，比如刷油漆、修剪草坪、打扫卫生等，让孩子们为家庭环境的打造与维护出一份力。克里斯坦森提出，在优越的家庭成长环境下，许多父母为了让孩子专注于学业，一手包办了所有家务，替子女扫清生活中的琐事障碍，为他们撑起了保护伞，这在中国家庭可谓司空见惯。这样做有什么错吗？克里斯坦森指出，这种包办只会培养出不会干活、不懂应对生活矛盾和问题的孩子。而且，"我们外包得越多，我们的孩子解决他们人生中遇到问题的能力就会越弱"。在过度保护下长大的孩子由于从未尝过担责的苦甜，也很少能真正体味生活中的各种困难，他们长大后往往缺乏独自完成任务的信心和能力，解决职场与生活中各类问题时更有可能处处碰钉。这也是社会上出现许多迷茫年轻人的重要原因。他们不知道自己想学什么或想做什么，又不肯回到校园深造，于是就干脆待在家里当"啃老族"，不愿进入职场或融入社会，自食其力。

作为家长，我们就算不刻意给孩子"制造"困难和挑战，日常生活也会有"剪不断理还乱"的麻烦自动找上门来。我们需要做的只是适当放手，让孩子有机会去处理生活中的各种问题，让他们尝试直面挑战并甘愿为自己的选择承担后果，这样才能帮助他们积累信心和提高能力，独自应对未来人生道路上的各种未知及难以回避的失败与挫折。雏鸟总有一天要学会翱翔，不可能一辈子待在窝里嗷嗷待哺。人们都说，父母对子女的爱是无私的，但如果把握不好爱的度，便会变成妨碍孩子成长的包袱。

"真爱"就要放手让孩子在试错中进步

"人的大脑处于不断重连的状态，试错了之后大脑就会重新连接。但如果一个人一直没有经历过什么困难和失败，大脑的连接就与有那些经历的人很不一样。他们在遇到实际问题时就可能会觉得有困难，甚至束手无策。而不断的试错，可能会帮助大脑连接到最佳状态。"南方科技大学首任校长、中国科学技术大学前校长朱清时在采访中跟我分享了他关于大脑发育的认识。朱清时感叹道，如果家长希望孩子平平静静、不遭遇任何风险地度过一生，自认为这就是人生幸福的终极追求，那么尽力悉心呵护孩子确实理所当然；但如果家长对孩子的人生有更高的期待，希望孩子长大后成为一名对社会有用的栋梁之材，那就得学会放手，让孩子面对困难、大胆试错，并在错误中经受历练，把教训转变为人生的智慧和财富。

父母对子女的爱有不同的表达方式，替孩子包办一切的做法只能称之为"溺爱"，只有放手让孩子积极面对未知、解决难题，才是"真爱"。甚至，偶尔在生活里刻意制造些"苦难"让孩子们尝尝，也是爱的一种表现。家长的出发点都怀着善意，对于孩子的方方面面总想考虑周到，恨不得把所有的道理、知识和经验都告诉孩子，帮助他们解决眼前所有的困难和问题，而这其实是步入了一个误区。此类"圈养环境"成长起来的孩子如同被关在动物园笼子里供游人观赏的动物，每天由饲养员提供营养伙食，长得漂亮好看，却失去了在自然环境中生存的能力。同理，没有经受风险和挑战的孩子，长大后自然缺乏应对复杂社会的能力，年纪再大也还是一个小宝宝，成为人们口中的"巨婴"。家长帮孩子把成长路上的困难和路障都铲除了，从长远来看，并不利于他们健康成长。温室大棚式育儿方式，怎能要求孩子出棚后就具备抵御严寒风霜的能力呢？

父母及早收起"保护伞"

我在教育自己的三个孩子时，作为家长的本能肯定也是希望把他们照顾好。因此，一开始我也习惯于尽量帮助他们处理各类生活琐事。后来，受到《领航者》嘉宾们的启发，我对"父母保护伞"的问题有了进一步的思考：如果父母总是帮孩子揽下大小杂事，时时事事呵护他们，捧在手里怕摔，含在口里怕化，生怕他们吃苦，那将来孩子长大了如何独立面对人生？这种谨小慎微的保护方式在孩子一生中又能持续多久？

于是，我决心从生活小事开始尝试做出些许改变。孩子们在幼儿园时不时要开展一些小项目，如制作一个作品展示理想的职业、用环保材料制作一样东西等。以前我从设计到制作都全程参与，力求和孩子一道做出漂亮的作品。毕竟其他孩子带回幼儿园展示的作品都很精致美观，有的甚至声光电俱全。后来有一次，我在美国旧金山市儿童博物馆里看到一些幼儿园孩子的作品展示，顿时备感震惊：那些作品大多歪歪斜斜，无甚修饰，有的甚至可以用"丑陋"

二字形容，看不出原型到底是什么，却展现出童心童趣。这让我幡然醒悟，如果没有父母的帮忙，这个年龄段的孩子自己做出来的作品原本就应该是这个模样啊！倘若家长越俎代庖做出一件不符合孩子年龄与能力的漂亮成品，就算收获满堂喝彩，其实也只是满足了家长自己的虚荣心而已。孩子这样毫不费力就获得认可夸赞的成就感真实可靠吗？从那之后，我尽量抑制自己作为家长的虚荣心和包办欲望，逐步减少参与程度，放手让孩子自己去做，让他创造出来的作品真正属于自己。

幼儿园时儿子的手工制品

　　从大儿子上小学一年级开始，我们便要求他每天自己收拾书包，备齐当天上课需要的书本和文具，每天独立完成当日老师布置的作业，每逢测试前主动复习等，希望他养成独立完成学习任务的习惯，培养做事情的责任心。有好几次大儿子上学时忘记带书或资料，老师发信息提醒我帮他检查整理书包。也曾有几次，大儿子忘记了老师的提醒，没有为测试做好复习准备，结果成绩受到了影响。我当时第一反应当然是想去帮助他，但我控制住了自己，让他为自己的粗心大意负责任，在试错中学习成长。我也跟老师解释了我们家育儿的理念，告诉老师如果他漏带了什么，请老师直接告诉和批评他，下次他就记得带了。

　　作为家长，护犊是一种本能，但我们要学会逐步收敛自己替孩子包办保护的欲望，把手中紧握的风筝线逐渐放长，乃至最终放手。耶鲁大学校长苏必德（Peter Salovey）对我笑说，他会给家长们提出这样的忠告："如果你希望孩子拥有坚韧的性格和毅力，希望他们在人生路上自己做出正确的决定，希望他们今后能从容应对失败，在被失败击倒后还能重新站起来继续往前走，那你就必须学会收起你的保护伞。你不能天天告诉他们什么能做、什么不能做。毕竟你不可能每小时都给他们发短信，你也无法为他们扫清人生路上的所有障碍。作为家长，能够做的只是为孩子提供一个坚强的后盾，对他们正在做的事情表示兴趣，让他们在学校里过好自己的生活，这样才能帮助他们学习掌握那些能陪伴他们过好一生的技能。"

请把决定权和责任感交到孩子手上

不少家长忍不住对孩子的事情过度包办，并在孩子成长的过程中帮孩子做出过多的决定，使孩子从幼年到成年都没有机会为自己做决定，养成了事事依赖父母并由家长揽下所有后果的习惯。倘若如此，我们又怎能期待孩子们长大后能独立面对人生和事业的困难与矛盾，勇于做出自己的选择并敢于承担责任呢？

母亲对高考报志愿的大事也放手

清华大学智能产业研究院院长张亚勤在《领航者》的采访中讲述了他的经历。他12岁就考上了中国科技大学少年班，从微软全球资深副总裁到百度前总裁，再到清华大学智能产业研究院院长，张亚勤在科技和商业领域创造了一连串的传奇。说起自己的成长历程，他心中最感激的是母亲小时候对他的信任。

张亚勤说，小时候，母亲从来不把自己的意见强加于他，总会认真听取他的想法。张亚勤与母亲在填报高考志愿时出现分歧。母亲的意见是，为保险起见，除填报中国科技大学少年班外，再报本省的两所重点院校。张亚勤当时满脑子只想和中国科技大学那些聪明的孩子一起学习研究，他很自信也很固执，认定自己只想去中国科技大学少年班，坚持只填报一个志愿。不料事出意外，他在临高考前两个月生病了。那年开春后，张亚勤才刚从初三直接跳级到高三就读，整个高中阶段只有不到半年的学习时间，这本已令人觉得不可思议，而这回又因为生病住院耽误了一个多月，母亲便劝他延缓参加高考的计划，第二年再报考。但张亚勤不甘心，他央求母亲让他试试看，母亲最后选择尊重他的决定。结果，张亚勤如愿考上了中国科技大学少年班，实现了自己的梦想。正是母亲的放手使张亚勤建立了自信，在人生路上做出一个个重要的决策。

为寻找自我三次从大学任性退学

麻省理工学院媒体实验室前主任伊藤穰一（Joi Ito）在我的采访中谈道，他妈妈同样支持他从小自己做选择，即使他的决定有时不那么符合主流社会的共识。

伊藤穰一出生于日本，幼年随家人移居加拿大，3岁又迁往美国，之后在美国和日本间辗转。13岁那年，伊藤穰一偶然认识了妈妈所在的科技公司创始人（他妈妈在这家公司担任秘书），这位创始人觉得伊藤穰一"不是个普通孩子",便让他和公司的科学家们一起工作,打开了他向往和喜爱科技的闸门。

伊藤穰一对科技的兴趣最早源于少年时代,他喜欢打游戏,后来摸索着进入游戏编程领域,这让他对网络社区产生了兴趣。但在20世纪80年代,尚没有学校讲授这方面的课程,伊藤穰一只好把它当作课余兴趣爱好,而他的妈妈从来没有阻止他。后来,他考上了美国著名的塔夫茨大学,入学不久便发现"在大学学习计算机是一件愚蠢的事",于是果断退学。从大学退学这件事,他后来还重演了两次。

亚洲家庭往往有着浓厚的求同文化氛围,小孩考上了美国名校,但仅因为不喜欢就一而再再而三地从大学退学,作为父母该有多焦虑啊!可伊藤穰一回忆说,母亲从不在他面前流露出担忧的情绪,而是选择包容他的率性而为,支持他做出的决定,不在乎世俗眼光和别人的闲言碎语。

伊藤穰一的妈妈一直信任和支持自己的儿女自立、自主地成长,并把人生道路上重大事情的选择决定权交与孩子,放手让伊藤穰一和他的姐姐按照自己的兴趣爱好自由发展。可以想象,像伊藤穰一这样的率性而为,他的妈妈不可能一点都不担忧,但她仍旧选择了信任和支持。有趣的是,同样的教育方式,伊藤穰一和姐姐选择的道路截然不同:伊藤三次从大学退学,而姐姐则就读了哈佛大学和斯坦福大学,拥有两个博士学位,成绩非常优异。但最终他们俩又殊途同归,走上了学术研究这条路,姐弟俩还合作撰写发表了一篇论文,羡煞许多人。

我在人生道路上的抉择

回首我走过的人生路，也可以算是多姿多彩。在选择的岔道口上，我曾面临各种犹疑和困惑，感恩的是，我的父母有时候即便有顾虑和担忧，反复与我商量讨论，但最终都把重大的决定交由我自己来做，并尊重我做出的选择。

与参加中美生物夏令营期间所住美国家庭的主人的合影

初二时我参加了学校组织的一次中美生物夏令营活动，在美国学习一个月回国后，便暗下决心要出国留学，认为那里的校园氛围更宽松，可以让我有更大的发挥空间。父母对此表示不理解，一方面觉得我年龄尚小不会照顾自己；另一方面，认为还在读初中的我出国太早了，尚未打好中国文化的

与指导基于中美生物夏令营调研所写论文（一等奖）的老师夏涛的合影

根基便受西方文化冲击，可能会漂泊在两种文化之间没有根。而我则认为自己已经长大，出国学习没有问题。在我的坚持下，母亲对

我表示理解，但父亲坚决反对。由于意见不合，我与父亲火星撞地球似的争论了一年多仍相持不下。有一天，我灵机一动写下一封长信，与父亲理性分析出国学习的必要性和好处。

因为每次与父亲面谈这个话题都会引起争吵不欢而散，我就试图采取笔谈的方式与他交流。我在信中开门见山，希望他可以抱着开放包容的心态，耐心地读完我的信。为了阐述我出国的愿望归根到底是符合他平时对我的教导的，我甩出了一连串反问句："您不是经常跟我说'猪圈岂生千里马，花盆难养万年松'吗？不是告诉我一个人需要经风雨见世面、自立自强才能成长起来吗？我倘若孤身一人前往远方一个陌生环境学习，不就是很好的历练吗？"我还在信中列举了中国教育体制的几点问题，这些问题早前曾与父亲讨论过，他也表示同意。我再次向他表示，出国学习能让我拥有更宽广的视野、更强的思维能力和丰富的人生经验，今后人生的道路也会更广阔、更多彩。通过这封信，父亲看到我的此番决定确实经过了深思熟虑，最终同意让我高一后踏上出国留学的远行之路。

尽管当时申请赴美留学签证的拒签率

初中时写给父亲争取出国的信（部分）

极高，我还是顺利拿到了签证。可谁承想，我却因申请学校毫无经验，到了美国才发现，自己从3000多人的国内名校挤破脑袋到美国求学，将要进入的竟然是一所又小又破旧的学校。当时已是8月底，我立马四处联系其他学校，但因为早已过了美国提前一年的新生报考时间，结果到处吃闭门羹。在一个周五晚上，几近绝望的我走错了路，好不容易才找到了要去看的学校，可工作人

与美国中学修女校长的合影

员已经下班。我在空荡的校园里闲逛，信步走到学校图书馆门口，遇到一位修女。她面目和善、姿态优雅，我在连续碰壁十几天后，见到她顿时倍感亲切，一下就向她敞开了心扉，倾诉了自己的远大志向以及当前的窘境。没想到这位修女竟是该校的校长，她和蔼亲切地听了我的倾诉，跟学校招生办的人说我就是他们想要的那种学生，为我安排了面试，然后破例录取我入学，打开了我实现梦想的大门。

在去美国读书之前，我连一本全英文的书都没看过。准备报考大学前，我请教学校的老师，询问要为参加美国高考SAT考试做哪些准备。老师告诉我，SAT可以考好几次，第一次可以不用准备，先去尝试一下摸摸底。于是我真的什么复习准备都没做就去参加考试，结果因看不懂英文试卷，三个小时的考试时间我竟在考场上睡

了两个多小时,成绩当然是意料之中的差。后来又参加了第二次、第三次SAT考试,终于取得不错的分数。我经常跟朋友开玩笑,我肯定是因获得短期最大进步奖而被斯坦福大学录取的。

而在准备SAT考试期间,我还利用课余时间参加了学校的音乐剧团招考面试,破天荒地连续两年拿到了扮演主角的机会,开创了该校音乐剧团由亚洲人担当主角的先例。远在太平洋彼岸的父母获悉我的课余安排后很着急,知道我临近高考还忙于参与学校剧团的排练和表演以及社区服务活动,便在电话中责怪我在高考如此紧张的关口,竟然还在浪费时间、分散精力。我理解他们的焦虑,在国内,高考对于考生和父母来说如临大战,备考期间除了复习、做习题外不能做其他事情。我努力向父母解释,美国考大学不只看SAT成绩,还要看综合素质能力,所以参加各种活动是培育和展现个人兴趣爱好、领导力、为社会服务之心等闪光点的最佳方式,而且这些事情都是我喜欢做的。父母听完解释后,表示对我理解支持,嘱咐我把握好节奏、安排好时间。

2001年从美国高中毕业

整个大学报考期间,远在万里之外的父母完全放手让我自己安排各项事宜和做决定。一方面是出于信任我,另一方面是他们也不了解美国的考试制度。在这个重要关口,我只能自己一步步摸索,上网查找美国的大学信息,准备申报材料。幸而我没有辜负父母和老师的期待，在那一年多的时间里付出了极大努力，奋起直追，每天背诵上百个英语单词，连洗澡和刷牙时也把单词纸放进密封袋里，贴在洗手间的墙上朗读、背诵，最终，我成为那所美国中学里第一个考上斯坦福大学的学生。

大二暑假，我申请到赴美国摩根士丹利投资银行部实习的机会。投资银行在当时是一个非常新潮的概念，我的父母对此并不了解，他们觉得银行就是坐在柜台前数数钱，办理存款取款手续，或者炒炒股票，并不清楚投资银行的业务是帮助企业申办上市、开展合并收购。但当我提出希望到这家投资银行实习时，他们还是表示支持。实习结束后，我得到了公司正式录用的机会。当时离大学毕业还有两年时间，我陷入了两难抉择：是提前一年毕业接受这份工作，还是留在学校读完4年本科再出来找工作？我与父母进行了充分的讨论，从多个角度考虑，最后我做出决定：提前一年完成斯坦福大学的学业，接受投资银行这份工作。

大学毕业后我在摩根士丹利投资银行亚太区总部工作了两年，萌发了重回大学继续学习的想法，一心想要报考哈佛大学肯尼迪学院读研究生。美国大学需要提前一年报考，从报考结束到正式开学前，有一整年等待开学的空档，我决定利用这段时间做一些自己感兴趣的事情。作为在广东土生土长的孩子，我经常看凤凰卫视，那是一个享誉海内外的电视节目品牌，能有机会去凤凰台工作，对于我来说，是梦寐以求的好事。我便自己报名参加了凤凰卫视新闻主播的试镜。一开始，父亲是反对的，他觉得电视主持人就是做一些抛头露面的工作，而且担心这条路越走越窄。但当我被录用后，父母还是爽快地支持。后来我从哈佛大学研究生毕业归来，又回到

请把决定权和责任感父到孩子手上

从斯坦福大学本科毕业（左一）

凤凰卫视，创办了凤凰旗下广播电台，又创办凤凰卫视《领航者》这档节目，每走一步，父母都给予我无条件的支持，也始终以我为荣。

这么多年来，每一次的升学选择、职业遴选或者其他重大人生抉择，我都习惯了跟父母坦诚讨论，因为我知道他们会给我很好的建议，同时又会尊重我的决定，而不会替我设计人生路径。我也非常感恩他们总是选择相信我，放手让我做出人生道路上一个个重要的决定。顺着这条人生路一步步走下去，我的自信也在逐渐累积，我相信只要做出了决定并持之以恒、认真扎实地去实行，就能做成很多事情。而且我知道无论自己选择做什么，背后都有父母无条件的支持，因此有了更大的动力和勇气，信赖自己的直觉，尝试去做内心想做的事情。

从哈佛大学研究生毕业

坦然接受让孩子自主做决定可能带来的结果

从采访过的嘉宾和自身的成长经历中，我懂得了不能只按自己的意愿去设计规定孩子学什么和做什么，而是需要给孩子留出自由发展的空间，让他们拥有自己做决定的权利。大到孩子未来的求学求职，小到他们日常的起行坐卧，其实，父母都可以通过适度地让渡决定权让孩子更加明晰自主选择所带来的责任与担当。

为了收获这份放手后的自主成长，父母要提前做好心理准备，接受给孩子放权所带来的结果。而且，对于孩子自己做决定所造的"孽"，只要不是原则性或无法补救的过错，父母都应该坦然面对。举几个我们家的例子。从儿子们1岁多开始，我们便让他们自己挑选出门想穿的衣服。这样的后果是，有时候他们可能会选择穿上两只不同颜色的袜子，有可能被其他小朋友嘲笑或老师批评。当然这是非常小的问题，我们不强迫他们换上同一种颜色的袜子，而是尊重他们自己的选择，从小事情入手培养他们自己做选择的习惯。有一次，4岁的二儿子肚子不舒服，但看到大儿子吃蛋卷时他也嘴馋，执意要吃。我和先生并没有一口拒绝，而是跟他说清楚，在肚子不舒服时尽量不吃零食，否则可能会更难受。但他坚定地表示自己想清楚了，还是要吃。于是，我们便没有阻止他。结果，享受了短暂的味觉快乐后，他的肚子果然开始"抗议"了。身体的不适感恰恰成为孩子最好的"提醒"与"边界"，让他们明白，自己要为所做的选择负责。还有一次，吃饭时二儿子坚持要夹很多菜放到自己碗里，我提醒了他两次，建议他先把碗里的东西吃完后再加菜。可是他执意表示自己肯定吃得完，结果最后果然吃不下，连喊肚子快要爆炸了。那一刻，我知道这又是一次让他记得"自担责任"的时机，于是便坚定地说不能浪费食物。最后他强行吃完，撑到呕吐。作为母亲，我心里当然有着万般不忍，可是，只有从日常的点滴入手，才能让孩子记得要对自己做出的选择负责。从那以后，二儿子便真切懂得了吃多少才夹多少以及不能浪费食物的道理。我自己也由衷地体会到，只有让孩子切身经历选择所带来的结果，他才会明白做选择时需要更加谨慎。从这些小事中可见，父母在对孩子日常教育过程中需要承担的就是狠狠心接受孩子可能会遭遇的后果。至于像选择在哪里居住、上什么学校等大事情，我们都会跟儿子们一起商量，一起找到彼此认可的"最大公约数"。放手并不是一味地不管，而是在设定边界的条件下，让孩子逐渐拥有能够自由翱翔的翅膀。

让孩子越早面对失败越好

家长给予孩子自由探索的空间，并让他们拥有自己做选择的权利，意味着尚缺乏人生经验的孩子可能面临失败的风险，这让很多家长感到纠结，陷入难以取舍的困境。在传统观念中，失败是坏事，应极力避免。其实，从失败中获取的经验教训弥足珍贵，偶尔的失败对于锻炼一个人的适应性、意志力和坚韧性都可以起到正面作用。

不少《领航者》嘉宾不约而同地强调孩子在成长道路上经历挫折与失败的重要性，而且认为让孩子越早面对失败越好，这相当于在他们的成长时期打了预防针。孩子年纪尚幼时，周遭环境相对安全，早早面对一些小的失败，有助于他们跳出自己固有的圈子和舒适区，逐步适应风险和挫折，练就坚强的性格和持久的毅力，那么，当他们成年进入社会后，应对各种不可预测的挑战便不至于束手无策。

把失败看作可能彻底改变人生轨迹的转机

挑战和失败对一个人的成长可以发挥意想不到的作用。黑石集团联合创始人兼CEO苏世民（Stephen Schwarzman）这样看待挑战和失败："有时现实与自己想象的生活图景以及事业期盼之间存在着巨大差距，这一差距会压得人喘不过气，几乎令人绝望。然而，一旦取得成功，人们只会看到成功的光环。可如果失败了，他们也只会看到失败的暗淡，却很少有人关注到那些可能彻底改变人生轨迹的转折点。可正是在这些转折点上，我们学到了事业和人生中最重要的经验和教训。"

在接受我采访时，苏世民坦言，学生时代的他已逐步认识到挑战与失败所带来的力量。他笑称自己并不是一个有天赋的学生，在读高中的时候年级有930个学生，苏世民最好的成绩是32名，而且怎么努力都无法捅破这层天花板。他把失意挥洒在田径场上，每次训练都拼尽全力，导致训练结束后几乎都会累到因生理不适而呕吐。有一年，他和队友们受邀去纽约参加一场接力赛，苏世民一如既往地跑第一棒。发令枪响后，他一马当先，但在经过第一个弯道后，他感觉到自己的右腿肌腱撕裂了。剧疼让他难以忍受，但他还是坚持下来，咬紧牙关继续跑，把接力棒交给了队友后便马上呕吐。这种置之死地而后快的极限感在随后的人生中带给了苏世民很多灵感，他甚至把这种突破极限的精神带进了职场。

和大部分创业者一样，苏世民在创业初期有过一段不断遭受挫败，甚至陷入绝望的经历。1985年，当苏世民和另一位合伙人彼得森各自出资20万美元创办黑石时，这家只有4个人的小公司，在那个巨头林立、资产动辄亿万美元的华尔街，毫无竞争力。为了争取客户，苏世民四处奔走，一家接一家地敲开那些有可能投资的客户大门。他回忆了一个小故事，有一次和彼得森约了麻省理工学院的捐赠基金团队在波士顿会面，结果到了之后，他们敲了四次门都没人来开，直到路过的门卫告诉他们，那天是周五，基金团队的工作人员早就下班了，他们莫名吃了一顿闭门羹。当时下着瓢泼大雨，打不到车，最后苏世民用30美元"买通"了一辆出租车上的乘客同意拼车后才得以离开。他们跑遍全世界拜访各地的客户，平均每成功争取到1个客户，就有16次被拒绝的经历，但他面临无数次被拒绝却始终不放弃。他说当他被几乎所有他认识的人都婉拒了之后，才懂得了什么是真正的谦卑。

苏世民是一位强势领导，他在人生第三次投资时经历了失败，却认为这是他人生中最重要的投资经历，因为正是这次经验让他认识到自己不是全能的，不可能所有决定都正确，必须换一种全新的体系来做选择判断。直到今天，公司还保存了这套系统，即充分发挥每一位员工的能动性和原创性，运用集体的智慧来评估投资的风险，提高交易审查的客观性，而不是纯粹地接受领导的指令。那次失败让他下决心不能再犯错误。直至今日，苏世民赢得了惊人的成就。

用自制火箭打破未来总理的车窗而没被谴责

从领航者的经历中，我们了解到经历失败的重要性，但父母该如何帮助孩子在成长的过程中正确看待失败呢？另一位《领航者》嘉宾，艾萨克·本-伊斯雷尔的父亲的做法让我印象特别深刻。

1961年，以色列"沙威特2号"火箭发射升空，令年仅12岁的本-伊斯雷尔深感震撼。震撼之余，他萌发了好奇心，竟然自己开始动手造火箭。当时他的父亲在军队服役，一家人住在空军基地里。从小，本-伊斯雷尔就偏爱数学与科学，凭着母亲给他买来的科学书刊，利用空军基地的废弃材料，他开始学着制造火箭。他从子弹中取出火药，用火柴点燃它，驱动自制火箭飞到了空中。这让他感到十分兴奋和满足。

有一天，本-伊斯雷尔又发射了一枚自制火箭，不巧的是，它刚好掉在了一辆行驶中的吉普车上。该空军基地的新任指挥官正坐在这辆吉普车上，自制火箭打破了车窗。幸好自制火箭的火药威力不大，没有造成人员伤亡。意识到自己闯了祸，本-伊斯雷尔赶紧拔腿就跑，但最后还是被一个高大的人逮住，被揪着耳朵送到了父亲的办公室。本-伊斯雷尔回忆："父亲对那个人说：'放开这个男孩，你听不到他在尖叫吗？'那个人对我父亲说：'尖叫？他是有史以来第一个向我发射了火箭还能活下来的人。'这个揪着我耳朵的人名叫阿里埃勒·沙龙（Ariel Sharon），后来成了以色列总理。"

尽管如此，父亲并没有因这件事惩罚本-伊斯雷尔，仍然允许他继续一如既往地研究自己的火箭，"但是有一次它爆炸了，在我的脚上留下了伤痕"。可这也不能阻止他对造火箭的痴迷，反而启发他从此走上用科技改变国家命运的道路，成为以色列国防部和军队技术研发的负责人。

家长的态度决定了孩子如何看待失败。犹太人鼓励孩子冒险和尝试不只是口头说说而已，这种放开手让孩子从小勇于尝试和宽容失败的态度已经融入犹太文化当中，促使他们养成勇于探索、接受挑战和不畏困难艰险的特质。

实验小意外没有吓退我鼓励孩子尝试的心

本-伊斯雷尔的这个小故事给了我很深的感触。说实话，我原本是一个比较保守谨慎的人，不太喜欢尝试那些可能有危险的事情。但学习了领航者的精神后，我也尝试在生活中鼓励孩子去冒险，试着放下那颗时刻悬着生怕孩子受伤的心。

有一回，我在家里跟8岁的大儿子和4岁多的二儿子拿干冰做实验，探究固体二氧化碳如何转化成气体。他们进行了各种尝试，先是往干冰里加温水，加洗洁精，加色素，还把小干冰粒放进针管里，看着气体从针管小口冒出来，玩得不亦乐乎。大儿子突发奇想，把干冰倒进矿泉水空瓶子里，加入温水后把瓶盖拧上，想看看会发生什么事情。大量的固体二氧化碳眨眼间变成气体，把瓶子撑大了。眼看瓶子可能会发生爆炸，我匆忙

儿子们正在玩干冰

拿起瓶子想把瓶盖扭开泄气。突然一声巨响，在我刚扭开瓶盖的一瞬间，瓶盖被极大的冲力顶飞，把我的手打得红肿麻痹。大儿子吓了一跳，看到我的手受了伤，连忙道歉，找来药膏帮我涂抹，还一脸愧疚地说："我以后再也不做这样的实验了，不当科学家了。"手被冲力弄伤很痛，我第一反应的确有点生气，但转念一想，倘若因为我的消极态度浇灭了孩子的探索热情，那该多不值啊。于是我赶忙安慰他："不要紧，这只是意外，科学实验总会发生一些小惊吓，甚至有时会把自己电伤、把实验室给烧了，这就是进行科学实验难免要付出的代价。"

手被干冰"炸"伤

过了一会儿，大儿子突然两眼放光地问我，干冰能释放这么大的能量，能否拿来发射火箭呢？小小意外反而使他萌发了进一步探究的好奇心。惊吓过后，他说："下次，我们能不能去户外空旷的地方，再试一次把干冰放进空塑料瓶里，看是否会爆炸？"后来，我们

在户外进行了一次爆炸实验，干冰升华后威力巨大，"闷"在矿泉水瓶里出不来，随着"嘭"的一声巨响，整个矿泉水瓶瞬间炸开，瓶子的残骸飞到了十多米外。

被干冰"炸"得完全裂开的塑料

那件事过后，我进行了反思，如果儿子做实验时因为好奇心驱使引发一些意外，我就批评谴责他，这样说多几次，他可能就真的不敢再去尝试做各种探索实验了。这件事启发了我，发生意外时家长的第一反应对于孩子来说是一个重要信号，必须谨慎回应，保护好孩子探索未知的好奇心和热情。当孩子遭遇失败时，家长的应对态度决定了孩子如何看待失败。不能口说鼓励，而一旦孩子出了点差错，便埋怨惩罚他，那孩子就会知道你说的和想要的并不一致，不是真心的。家长言行一致，对孩子的引导教育才能收到良好效果。

做完实验后兴奋的大儿子

以小见大，教会孩子积极应对失败在当今世界很重要。要想跻身科技前沿，是无法回避探索创新与发明创造的过程中失败的经历和教训的。当你设计和进行一项实验时，成功只意味你证明了自己的假设是正确的，不过是证实了你已经知道的东西，从某种意义上来说并没有真正推动科学的进步。但如果你的实验失败了，或者即便你以为实验失败了，却还能抱着开放的心态继续探索，也许能带来新的创造发明。历史上许许多多的科学发明，恰恰是通过失败的经验获得的。失败了继续寻找新的方向，并且不懈探索，这才是难能可贵的科学创新精神。

孩子经受历练才能乘风破浪

让孩子承受失败和挫折，要培养他们坚毅的品格，养成勇于探索不断进取的特质，因而有意识地提供机会让孩子经受历练，接受挑战，吃点苦头，是培养孩子独立解决问题能力、使其走向成功的必经环节。教育不是确保孩子过上平平稳稳的生活，而是要教会孩子如何面对危险和解决问题。

目送与放手，才能让孩子学会坚强自立

被称作"铁娘子"的格力电器董事长董明珠，连续多年上榜福布斯中国最杰出商业女性榜以及《财富》杂志中国最具影响力商界女性榜。在商界激流中，董明珠坚毅铁面，为众人称道。在面对儿子时，她也情理分明，把握好尺度与原则——既有母爱的温柔，也有立规矩讲原则的硬朗。她在接受《领航者》节目采访时谈道，最好的母爱是培养孩子勇于面对任何挫折和困难的坚强性格，以及独立生存的能力。因而，从儿子小时候开始，董明珠就放手让他经受各种历练。

儿子两岁时，丈夫突然病逝，董明珠只身一人背井离乡从南京到珠海闯荡打拼。30多年来，她习惯了"格力就是她全部"的生活模式，失去了与儿子朝夕相处的机会。儿子12岁那年寒假曾到珠海

和董明珠共同生活，假期结束后儿子准备返回南京上学。临行前，儿子小心翼翼地说出希望妈妈可以送他乘飞机回南京的心愿，但董明珠坚定地拒绝了。儿子一脸委屈退而求其次，恳求能否由妈妈的同事送自己回南京，这个听起来合情合理的要求也被董明珠直接否决了，她对儿子说，相信他自己能独自回南京，希望他试试看。

听到这里，同样身为母亲的我，脑海中浮现出一个正在抽泣的孩子的背影以及一位忍住眼泪不忍回头的妈妈。到了儿子要去广州乘飞机那天，董明珠把儿子送上珠海到广州的大巴，告诉儿子会有南京公司的同事来接机，随后向儿子挥了挥手就转身离开了。对于一个12岁的孩子来说，要独自从珠海乘大巴到广州机场，再一个人完成所有登机手续前往南京，真是一次不小的挑战。实际上，董明珠在孩子面前嘴上说得硬，其实心里始终十分牵挂。在忐忑不安中煎熬数小时后，董明珠终于等到了南京接机人员的电话。那位同事告诉董明珠，她儿子一看到自己就立马从机场出口冲出来，眼神里写满了惊惶。听到这里，董明珠虽心里难受，但坚信爱孩子最好的方式就是让他学会自立。

董明珠告诉我，她的儿子从小学读到大学，自己从没用车接送过他一回，而是让他自己坐公交车回家。有一次，她开车从儿子学校门口经过，正好看到儿子放学，当时她真的很想停下来接儿子。然而，董明珠在车里犹豫了一会儿，还是决定让他自己乘坐公交车回家。董明珠到家一个小时后，儿子才回来。她纳闷地问他，回家路上干什么去了。儿子说他一直在等车，有空调的公交车是2块钱，没空调的车是1块钱，他为了坐1块钱的车愣是多等了半个小时。听了儿子的话，董明珠感到很欣慰。

儿子从小养成了独立自主的习惯，硕士毕业后找工作也是如此。董明珠要给儿子找份外人眼里的"好工作"当然很容易，但她决定放手让孩子自己去闯荡。儿子认真地对她说："老妈，您能从零开始，我也可以，我要用自己的实力闯出一条路子来！"毕业后，儿子选择到上海打拼，读法律专业的他凭借自己的实力进入了一家著名的律师事务所，从实习律师开始一步步做起。董明珠相信，既然儿子已经设定了自己的目标，就要给他发展的空间和闯荡的机会。而她的儿子也十分独立自强，从不向母亲伸手要钱，自己在外租房打拼，开一台10万元的车也安之若素。儿子的优秀品质和不服输的劲头是董明珠这么多年来用心良苦栽培的成果！

要舍得让孩子吃物质与精神的双重"苦"

另一位《领航者》嘉宾，清华大学法学院教授、中国证监会前副主席、中国投资有限责任公司首任总经理高西庆同样赞同让孩子经受吃苦历练的理念。他认为，让孩子从小吃点苦体现在两个方面。一是物质上的苦，让孩子去做一些他们不那么想做的事情，劳其筋骨，让他感觉身体疲累，经受体能锻炼。他曾带着6岁的小儿子和全家骑自行车从博鳌到三亚，三天骑了240公里。有了这番富有挑战性的经历之后，孩子骑自行车几十公里都觉得很轻松。二是让孩子吃精神上的苦，教会孩子勇于面对困难，在遭受失败时调整好自己的心态。高西庆每年都让孩子参加各种夏令营活动，尽可能让孩子多接触外面的世界，学会与不同类型的人打交道，包括对自己不友好的人，而不是守在自己的小圈子里故步自封。孩子之间相处，有时候难免发生口角冲突甚至打架，孩子有时回到家里也会哭诉自

孩子经受历练才能乘风破浪

己被冤枉、被欺负的事情。高西庆认为这些并不是坏事，孩子可以从中学习如何应对各种情况。

高西庆那代人受了很多苦，他们做了家长后，大多不希望孩子再遭受挫折，吃任何苦。但他知道，过度保护会让孩子丧失一些重要的能力，比如决策力、适应力、解决问题的能力等，对孩子的成长没有好处。高西庆举年轻人找工作为例：有些年轻人觉得就业是件非常头疼的事，不愿意自己去面对，这时候，很多家长就会出面帮他们解决这一问题。高西庆坦言，这种做法有诸多弊端，会让年轻人失去接受精神上的锻炼机会，让他们认为求职这件事很简单，找家长出面就行了。高西庆在清华大学任教时，很多刚毕业的年轻人请他帮忙介绍工作。对此，高西庆向来坚持一个原则：他能给予的最大帮忙就是与学生坦诚对话并给出建议，而想要他直接帮忙解决工作岗位是不可能的。

我在华附的"苦"日子

在我的成长历程中，父母当然也很难完全抑制住照顾我生活方方面面的欲望，特别是母亲。小学的我在家里基本不需要做家务，甚至连水果都是父母削好了皮拿给我吃。直到初中到学校寄宿，情况才有所扭转，母亲再想照顾女儿也够不着了。寄宿学校3年，我学会了各种生活技能以及与人和睦相处的能力，受益终生。

我初中就读位于广州的华南师范大学附属中学（下简称"华附"），那是广东省首屈一指的中学。学校秉着"吃得苦中苦，方为附中人"的精神，时常特意为学生"制造"一些吃苦磨炼的机会。那时，学校宿舍没有安装热水器，我们每天要从六楼的宿舍跑楼梯下来到学生饭堂取热水，然后再提两大壶七八斤的热水瓶上楼，一天要喝的水还有洗澡用水全在里头了。学校那时没有给学生宿舍配备洗衣机，衣服全靠手洗。到了冬天，女生们还得留点热水用来洗衣服。有同学开玩笑说，女生那时交男朋友就是为了找人帮忙提热水。每天早上起床后，我们要像军人一样叠"豆腐块"，六点半出早操，不管寒冬酷暑，都要在操场跑1000米。一开始，我的体能跟不上，根本跑不下来，有时想偷懒少跑一圈都没门，会被老师发现揪出来。严格的环境条件逼迫着我硬着头皮把体能锻炼上去了。渐渐地，我在同学的帮助与陪练下，终于一步步地跟上了出操跑步的锻炼要求。

住宿生活让同学们锻炼了自理能力和吃苦精神，正是在这段难得的集体生活中，同学们学会了如何与同龄人打交道。那时候我们的宿舍是六人间，谁先洗澡，用多长时间，谁先用洗手间，同学之间都会互相迁就。

那时学校还定期组织学生参加学军学农的实践活动，安排学生到省内相对贫困的清远县（现为清远市），和村里的农民同吃同住同劳动，体验农村生活。作为一项好传统，华附组织前往清远农村地区的学农活动已经坚持了30年。

当时我还不太理解在和平年代的繁华社会里，为什么学校还喜欢"制造"这种苦环境、苦差事来"折磨"学生。现在回首，正是在华附的时光，让我克服了独生子女以自我为中心的心态，懂得了与人友好相处，学会了迁就、宽容和厚待他人，领悟了帮人就是帮自己的道理。后来我只身出国学习，住集体宿舍，吃学校食堂，一切生活琐事都要自理，当周围同学都在吐槽生活之苦时，我却庆幸

孩子经受历练才能乘风破浪

地觉得与在华附期间的生活相比，这一切都不过是小菜一碟。在美国斯坦福大学毕业之后，我就职于摩根士丹利投资银行，每天工作十几个小时，每周起码到外地出差四五天；初入凤凰卫视工作时，我需要轮替早班和夜班。对于这些安排我从不叫苦叫累，总能以从容的心态、乐观积极的态度去迎接一个又一个挑战，克服一波又一波的困难。

让儿子从小经历苦中带乐的远足与骑行

我相信一个人的胆量和自信是可以通过历练培养出来的，而户外运动就是一种非常好的历练方式。我和先生喜欢带着孩子开展户外活动，比如徒步、骑行和跑步等。我怀孕9个多月，还跟儿子们一起去爬山。别看他们年纪小，大儿子7岁、二儿子不到4岁时，已经可以步行十几公里山路了。有时我们也会去爬比较高且陡的山，还带儿子们去北京郊区爬过需要手脚并用的野长城，当时二儿子不到5岁也完全没有问题。

正在爬野长城的 4 岁多的二儿子

骑自行车是大儿子、二儿子的一大爱好。我们带大儿子时，由于初为父母缺乏经验，比较保守谨慎，等大儿子6岁多，我们才让他从有辅助轮子的自行车改骑两轮自行车。当时二儿子才3岁多，也想像哥哥一样"驰骋"公园，天天追着爸爸教他骑两轮自行车。刚开始，二儿子的骑车技术跟不上他的速度和胆量，摔了不少跤，常在头上、脸上、肩膀和手脚留下累累伤痕。但他从来没有抱怨，也从不言弃，俨然一名专业的小骑手，时不时引来过往路人驻足拍照。在这个过程中，我们明显感觉培养了他的自信心。每次一骑上自行车，他都自信满

大儿子、二儿子欢快地骑行中

满、自由快乐地飞驰而去。儿子们就读幼儿园期间，一周起码有三四天下午放学后由我们陪伴一起骑自行车。

有一回我们出外度假，帮大儿子和二儿子报名参加了当地组织的攀爬椰子树活动。对于在大城市长大的儿子们来说，报名时挺兴奋，但真轮到要爬树的那刻，又有点打退堂鼓了。看着20多米高的椰子树，老实说我自己都感到胆怯。第一次参与爬树活动，8岁的大儿子虽然有点惧怕，但还是在我们的鼓励下爬到树顶。4岁多的二儿子爬了1米左右就不敢再继续往上爬了，在我们的鼓舞下，他硬着头皮爬到一半，还是下来了。当时，他满脸不悦，看得出着实受到了挫败打击。我们没有强迫他，而是每隔一天就问他要不要再试试，告诉他爸爸妈妈都相信他可以做到。过了几天后，他表示愿意再尝试一次。于是，我又帮两兄弟报了名。第二次尝试，二儿子吸取了

孩子经受历练才能乘风破浪

第一次失败的教训，克服了内心的恐惧，一鼓作气爬上了20多米高的椰树顶部。当他成功爬到树顶那刻，我们忍不住鼓掌欢呼，真心为他感到骄傲。他从树上下来后，我们感觉他整个人走路都更挺拔了，一副雄赳赳气昂昂的样子。他完成了之前自以为不可能做到的事情，真心感受到迎接挑战、克服困难的喜悦，增强了自信。

在孩子成长的过程中，让他们经受一些考验和历练，承担一点哪怕是摔倒受伤的风险，对他们建立自信心大有裨益。

正在努力爬椰子树的 4 岁多的二儿子

放手让孩子按自己的兴趣发展

放手是为了引导并帮助孩子找到自我，让孩子按自己的兴趣去发展。这个道理说起来容易，要真正做到却不容易。很多父母总觉得孩子还小，没有辨别力，需要家长处处悉心照顾。其实，这些担心顾虑都可以抛开。为人父母，一方面要适当引导孩子，另一方面则应创造条件提供机会让孩子发展各种兴趣爱好，支持孩子走自己想走的路，这对孩子未来的人生和事业路径的选择都会产生积极作用。

拥抱孩子成长的偶然和随机性

樊登读书作为一家讲书平台，总注册用户数已突破了4500万大关。作为平台的创立者，樊登本人对于亲子教育同样有着浓厚的兴趣与洞见，他阅读了大量关于亲子教育的书，并曾为不少迷茫的父母释疑解惑。而在生活当中，樊登也在不断实践不一样的育儿理念。

采访中，樊登对我说，在家里，父母应该提供一个相对宽松的环境，这样才不会破坏孩子的自我感知力、责任心和对世界的好奇心。针对父母给孩子施加过大的学习压力、过度责骂或羞辱孩子等现象，樊登尖锐地指出，这些行为对孩子身心的伤害是很大的。他强调，不成熟的父母会给孩子有意或无意地带来很多伤害，因为这些父母总把自己的感受放在第一位，而把孩子的感受放在第二位。比如说，孩子成绩考得差会让他们感到丢脸，参加家长会使很多父母首先想到自己的难堪，而不是孩子此刻最需要什么样的帮助。樊登笑称，父母其实才是孩子的起跑线，这指的不是金钱、物质、社会地位，而是父母的认知水平、思维方式以及跟孩子互动的方式。

谈到个人成长，樊登很庆幸地表示，他的父母在他的成长过程中营造了相对宽松的环境，从来没有打击他的自信，这令他在成长道路上始终伴随着很高的自我价值认同感。他从大学时期的材料系工科学霸到成为中央电视台的主持人、大学老师，再到做知识付费音频平台并成为该行业的引领者，一路走来，不论跳入哪个领域，父母对他的人生选择一直选择支持。

樊登有一个13岁的儿子，平日里等儿子放学回家跟他分享学校的趣事是他最快乐的时光。他也同样选择为孩子提供一个宽松的成长环境。他指出，系统化的培训常常被误以为可以把所有人打造成一个样子，看似有着非常明确的目标和路线，但是家长要清醒地认识到，一个人的成长不可能被简单量化，尤其是培养孩子这个问题，是不可预测的。孩子在宽松自由的氛围中能更好地成长，更容易找到他们自己要走的路。因此，樊登相信，教育的关键就是要放松，紧张只会使事情变得更糟糕。如果父母过度紧张，孩子被周围紧张的情绪绑架，每天花大量的精力和家长斗智斗勇，烦恼怎么让父母不骂自己，怎么让父母给他们手机玩……自然很难专心学习。即使他能将课本上的东西全部学好，这种"学好"也不等同于喜欢。反之，如果家长是放松的，孩子的大脑是轻松的，他们就能够轻松地学习，享受自己的成长过程，照样可以考上好大学，走向世俗眼中的成功。

然而，教育领域中有不少事与愿违的现象。学校把传授的知识分解成语文、数学、英语等课程，老师们付出了极大努力把每一门课教好，家长也积极配合完成任务，要求孩子必须将之学好。当最后组合在一起时，很有可能这个孩子语文很优秀，数学很优秀，英语也很优秀，但是人却"傻"了，或者不热爱生活了，与父母的关系不好，长大了也不知道自己想干什么。可见如果方向不对，家长使的劲越大，可能造成的负面效果就越强——因为抑制了孩子自身的生命力。在樊登看来，教育的核心在于点燃每一个孩子内在的生命力，这种生命力来自父母无条件的爱、价值感和成长型思维。家长不应靠纠错而应靠寻找亮点去引领孩子成长，让孩子充满好奇心，自觉安排好自己的学习与生活。樊登认为："我们今天的教育者们，包括父母在内，之所以已经感到忙觉得累可还是不满意，原因就在于我们总想当木匠而不是园丁，我们只是一厢情愿地希望孩子长成我们想要的样子。"

樊登从儿子一两岁开始，就对他进行情感教育，让他逐步认识并了解自己的各种情感，引导他正面看待负面情绪，学会什么是自律、关心、宽容。樊登把育儿过程中遇到的每一个问题都视为教育的机会。慢慢地，父母便可以真正放手，不必替孩子做决定，不必过于为孩子焦虑担忧，因为孩子一旦学会了爱自己，他会懂得未来是他自己的，人生也由他自己掌控。樊登从来不给儿子报各种课外补习班，但儿子的学习成绩非常好。他说，这是因为儿子放松地学习，心态很正向。有一次儿子考试得了70多分，回家一问，儿子说没发现试卷的背面还有题，漏做了。樊登觉得很逗，问儿子从这件事学会了什么，儿子说以后考试要看试卷背面就没事了。一段简短的父子对话就轻松教会了儿子从犯错中学习。在生活的点滴里，儿子还学会了自律，所以樊登从来不需要逼迫他练钢琴；儿子懂得了爱自己，所以不吃垃圾食品，主动锻炼身体……樊登说："很多父母以为孩子根本不懂得爱自己，觉得孩子如果爱自己的话怎么会这么迷恋游戏。原因很简单，他不觉得人生是他的，他觉得人生是你们的，你们不让我干这个，但干这个事我觉得很愉快，所以我就要干这个事。父母压根没有让孩子学习怎么掌控自己的生活，但是又说他根本不会掌控自己的生活，这就是家长不讲理了。也有家长说孩子已经不会了，难道能放手吗？我说已经不会了，你还不赶紧让他学吗？"

在樊登看来，父母在家要创造无条件的爱的氛围，不以一元化的标准去衡量孩子的成长，塑造孩子好的价值观和习惯品格，打好这些根基后，家长需要鼓励孩子学会一步步地拥抱人生的偶然性和随机性，让孩子有自由呼吸和发挥的空间。正是认识到孩子成长路上的随机性，樊登从不要求孩子一下子就找到兴趣所在，因为他知道一个人要找到自己人生的"志趣"其实是一件非常不容易的事情，很多时候需要经过一段较长甚至曲折的摸索。所以，他让儿子从小喜欢做什么就去做什么。"至于他将来能干什么，谁知道？干什么都行，反正他肯定不会干坏事。"

不要只听父母的话，也不要只听老师的话

以色列前总统西蒙·佩雷斯（Shimon Peres）在该国拥有很高的威信和影响力，这样一位事业成功的父亲，是否会令他的孩子生活在父亲的光环之下，背上"名父之子"的包袱呢？

我有幸采访了他的儿子舍米·佩雷斯（Chemi Peres），他是以色列风险投基金Pitango的联合创始人。舍米跟我分享道，父亲从来不给子女压力，也不让子女享有特权，只是希望子女努力实现自我，追求自己的梦想，过上幸福的生活，支持他们朝自己感兴趣的方向发展，从不规定他们要走上哪条特定的人生道路。

舍米回忆道，父亲经常跟年轻人说："不要只听父母的话，也不要只听老师的话，因为他们会告诉你们什么事都不能做，他们会悉心保护你。但你要做的是审视自己的内心，发现自己的内在潜能，追随你的内心，知道你可以做的事情还有很多，只是你自己都没有意识到而已。"父母要做的就是让孩子知道你信任他们，支持和鼓励他们发展自己的兴趣爱好。

即便贵为总统之子，舍米也没有享受过什么特权。他高中毕业后，和其他同龄人一样服兵役，加入了空军，做了10年战斗机飞行员。服完兵役之后，他与朋友合伙创办了一个风险投资基金公司，一步步把它做成了以色列最大的风险投资基金之一。而他的哥哥和姐姐分别成为兽医和语言学家，三人都选择了自己喜欢的领域发展，走上了与父亲完全不同的人生道路。

父母的信任引发"差生"的逆袭

另一位《领航者》嘉宾、以色列希伯来大学教授欧迪·肖斯耶夫（Oded Shoseyov）同样在父母的支持下逐步找到自我。肖斯耶夫是一位名副其实的科研明星，他在专业期刊上发表了超过200篇科学论文，拥有62项发明专利，更是14家科技公司的创始人。而他的父亲是农民，母亲是幼儿园老师，与肖斯耶夫研究的化学新材料领域相去甚远。肖斯耶夫的哥哥是一名医生，同样与父母的职业毫无关联。也许父母对两个儿子的兴趣和专业不甚了解，但基于对孩子的信任，父母从两兄弟小时候开始就充分支持他们发展自己的爱好兴趣，这对肖斯耶夫和哥哥的一生有着非同寻常的影响。

肖斯耶夫回忆："每次我和哥哥向父母要钱，说要为在家里自建的化学实验室添置电晶体管等各种实验用品时，他们并不明白我们想要做什么，但都会慷慨同意我们的请求，让我们列出用品清单帮我们购买回来。"肖斯耶夫两兄弟整天沉迷于在家里的实验室动手捣鼓化学实验，同时他们又觉得学校教的课程内容枯燥乏味，因而在学校的成绩并不好，被学校老师和同学们视为"差生"。但父母并没有因此责怪他们，更没有不让他们"玩"实验室里的那些东

放手让孩子按自己的兴趣发展

西，尽管那些好像就是让两兄弟成绩变差的罪魁祸首。

虽然肖斯耶夫对化学有着浓厚的兴趣，但由于高中时期的成绩实在太差，他开始申请大学时没能被录取。执着的肖斯耶夫不接受"不"这个答案，于是努力解释并最终说服校方让他获得了入学机会。进入大学后，为了向学校和老师证明自己不是一个"差生"，他开始没日没夜地学习，经过一年努力，竟然创造了各学科平均成绩99.7分的纪录，获得了学校的奖学金。无独有偶，曾经同样被视为"差生"的哥哥也有相似的经历，他上高中时被学校开除，后来也找到了自己想走的路，成为一名优秀的医生。他们的成功都离不开父母一贯的信任和支持。

父母是我最坚定的后盾——在尊重与支持中，我成为自己

回想自己的成长过程，我的父母同样是充分尊重我的意愿，从小学到大学都给予了我充分的自由去参加自己感兴趣的课外活动，这对于培养我的好奇心、发现自己所爱，以及培养组织能力、领导能力、时间规划能力、与人沟通的能力、与团队合作的能力、同时处理多重任务的能力等软技能，都有莫大的帮助。

从上小学开始，父母一直鼓励和支持我参加一些无关学业但我喜欢做的事情。他们并不太在乎我具体感兴趣的是什么，更看重我去发现自己兴趣的过程，鼓励我去探索新知，从不约束规定我必须朝着某个固定的职业方向走。

小学的课程相对比较简单，在完成老师布置的功课之余，我有很多可支配的时间去发展自己的兴趣爱好——阅读课外书籍，学画

小学时参加演讲比赛

小时候在少年宫学习舞蹈

小学时参加合唱团演出（一排左二）

初中时期的画作

画、体操、书法、唱歌、跳舞、钢琴等。虽然没有哪一样特别精通，但这些活动丰富了我的课余生活，让我长大后对各个不同的领域有了大致了解。

与人沟通合作能力的培养，也源于在学校参与了大量的社团活动和学生会工作。我小学时担任班长和少先队大队长，进入了学校合唱团、校服表演队以及少年宫合唱团等。到了中学，克服了功课上的挑战，我又"故态复萌"，在学校创办了杂志社，担任了学校第一任学生电视台台长、年级的文化部部长，积极参加各种艺术节表演活动。

在国外读高中的时候，我报名加入学校音乐剧团，作为亚洲人

放手让孩子按自己的兴趣发展

破天荒地担任音乐剧的主角；课余时间里还积极参与社区服务，并在暑假期间发起游学团，组织学校的学生和老师到中国参观学习，当了一回领队兼导游，帮助美国人进一步了解中国。

在斯坦福大学就读本科期间，我最多同时参与了5个学生社团——担任中国学生学者联谊会的副主席；参与创办促进中美两国学生交流的组织"FACES"，筹办大型中美论坛，促进两国的民间交流；与此同时，我与同学们一起创办了一个叫作"Bursting the Bubble"的沙龙，组织大家讨论时政大事；还参与创办了一个联合美国15家大学中国学生会的组织，以更好地服务

在斯坦福大学就读期间参与创办学生组织"FACES"（后排左二）

中国留学生，把大家团结在一起。尽管这些事情足以让我分身乏术，但我仍然见缝插针地挤出时间，参与了一个帮助中国新移民的孩子融入美国社会的组织，为那些孩子补习功课、学英文，组织他们参加一些社交活动。

到了哈佛大学，我担任了肯尼迪学院中国学生会主席、中日韩学生会联席会长，也成为由哈佛大学肯尼迪学院、商学院、法学院共同举办的亚洲商务论坛的联席主席。在中国学生会，我再次组织国际学生前往中国的游学团，创办了每周一次的中国沙龙，请哈佛大学和附近学校的中国问题专家来给大家讲述中国的故事，同时举

办各种不同的文化活动……

　　参与这些课外活动花费了我不少时间，但父母还是选择让我去。这让我感到我无论做什么事情，父母都会无条件地给予我大力的理解和支持，成为我的坚强后盾。这种信任保护了我的个性和创造力，使我后来对人生道路的选择和职业发展总是充满自信和激情。

　　从小到大，父母只是告诉我，要把握好度，分清主次，不能因为参与这些社会活动而耽误了学业，但从不阻止我做自己喜欢的事情，这促使我更加专注认真、高效率地学习工作，合理安排时间。在斯坦福大学读本科期间，我用3年时间修完了4年的课程，以优异的成绩提前一年荣誉毕业。让我受益匪浅的还有在参与课外活动过程中学到的各种各样的软技能。这些软技能与在课堂上学到的知识同样重要，甚至对一个人未来能走多远起关键作用。因为学生时代参与过各种丰富多彩的活动，经历了多种能力的锻炼，我现在每次策划开展新项目时都有条不紊。同时我也喜欢打造一些新事物，包括在凤凰卫视创办电台，创办《领航者》节目，现在参与创办深圳

在哈佛大学就读期间组织同学来中国游学（二排右三）

科创学院，在音频网站开设时间管理课程和写书等，我乐于享受从无到有打造一样新事物的过程。父母对我从小的鼓励和信任，让我一直保持着追求事业的热情，勇于迈开脚步探索人生的各种可能性。

对于父母来说，帮助孩子发现他们感兴趣的事情，然后全力支持孩子按自己的兴趣地图去摸索，并创造条件让他们为之奋斗，虽然以高标准要求但目标不功利，这样也许才能更好地帮助孩子找到他们想走的路。

盈 思 盈 语

◆ 在过度保护下长大的孩子由于从未尝过担责的苦甜，也绝少能真正体味生活中的各种困难，他们长大后往往缺乏独自完成任务的信心和能力。

◆ 作为家长，要学会逐步收敛自己替孩子包办保护的欲望，把握好"爱"的度与界线，把手中紧握的风筝线逐渐放长，乃至最终放手。

◆ 倘若家长越俎代庖做出一件不符合孩子年龄与能力的漂亮成品，就算收获满堂喝彩，其实也只是满足了家长自己的虚荣心而已。让孩子成为他们作品的主人吧！你放手了，无论作品怎样，他们都会有成就感。

◆ 偶尔带孩子去做一些有挑战性的事情，教他怎么坦然面对失败以及从失败中学习，也让他体会克服困难的喜悦和信心。

◆ 当孩子遭遇挫折失败时，家长的应对态度往往对孩子如何看待失败会产生决定性的影响，因而，家长一定要懂得谨慎回应的重要性。

04
|陪伴

——于无声处，体悟家庭教育中的"要"与"不要"

如果你从不对工作说"不"，那么你将无法拥有一个幸福的家庭。

——帕特·基辛格

女性真的要比别人多付出两倍的心血。作为一个CEO，24小时扑进去也不够；而作为一名妻子和妈妈，这是另一项全职的重任。

——孙洁

孩子成长型思维模式的养成很大程度上取决于从父母那里得到肯定和表扬的方式。

——卡罗尔·德韦克

陪 伴
大儿子（8岁）

陪是有人听你说，

伴是有人跟你玩。

陪伴两个字，

一点不孤单。

二儿子五岁时
的作品

身为父母的我们是否曾经放低身段，以孩子的视角去观察周边世界？在孩子的启蒙阶段，父母在他们眼里几乎是世界的全部，也几乎是万能的，更是他们的安全港湾和崇拜偶像，这是孩子受父母影响最大的一段时期。随着孩子慢慢长大，他们的世界逐渐加入了新鲜的面孔，人际关系的半径越来越大，这时父母的影响力便会逐渐减弱。因此，孩子受父母影响最大且最为重要的时段，也就是漫长人生起初的几年至多十几年而已。在这一时期，父母常伴孩子身侧，才能更好地培养他们的价值观、思维模式、学习习惯和生活习惯。

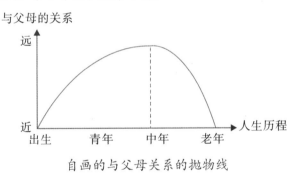

自画的与父母关系的抛物线

父母的陪伴是给予孩子最宝贵的财富

伴随中国经济腾飞和社会文明进步，几千年留存下来的以家庭为中心的儒家文化传统观念已发生了巨大改变，家庭结构和亲子关系也随之嬗变。在当下日趋激烈的儿女教养竞赛中，越来越多的家长耗费大量时间和精力，赚取更多的收入和追逐更大的事业成功，就是为了给孩子创造条件上更好的学校，给他们报名参加各类兴趣班和补习班，购买各式各样的智力开发玩具和价格不菲的网络课程。不少年轻父母为了给孩子提供更好的物质生活和成长条件，整日奔忙于工作，将陪伴和辅导孩子的任务交给了老一辈，有些家长在子女心智尚未成熟时便过早送他们出国读书……其实，这些行为都可能会导致孩子与父母之间缺乏情感联系。父母在孩子成长过程中的缺席，会直接或间接地造成日后亲子关系的疏离。许多父母为抚养孩子付出了极大努力，却忽视了对孩子的智力开发和健康成长最为重要的因素——爱和陪伴，岂不是舍本逐末，得不偿失？

许多成功人士步入中年后，觉得自己时间相对宽松，可拿出时间和精力来管教孩子了，却发现孩子已经长大，不再听从自己的管教，也不再像儿童时代那样渴求父母的陪伴了。错过了影响孩子成长的黄金时期，父母再想要重新扭转孩子的价值观、思维方式、脾气性格以及学习和生活习惯，恐怕已来不及了，难以收到较好的效果。影响孩子未来人生之路能否走得稳健长远的因素除了学习成绩外，还有其他更为重要的因素，比如孩子的学习热情与能力、与他人相处和团队合作的能力、健康正向的价值观以及良好的品格等，这些往往来源于父母的言传身教，源于家庭环境对其长期潜移默化的影响，再好的学校、老师或教育培训机构也很难代替家长的作用。

陪伴教育孩子是一项超长线投资，可能要十几年甚至几十年才会看到成效，而且结果不一定是家长陪伴得越多，孩子就会越优

与家人在海边玩耍

秀。多陪伴只是意味着家长潜移默化影响孩子的机会更多，亲子关系会更亲密，而这恰恰是父母教育孩子健康成长的关键。通过有效陪伴增强父母与子女的互动，收获亲密的亲子关系，营造家庭和睦以及好学向上、向善的环境，方为家庭教育之道。

儿童教育投资，你需要和时间赛跑

父母对孩子的陪伴对孩子一生的成长发展起到至关重要的作用，这是否有科学依据呢？现代科学研究显示，一个人的大脑细胞超过80%是在3岁以前发育形成的。

诺贝尔经济学奖获得者、美国著名经济学家詹姆斯·赫克曼（James Heckman）在采访中告诉我，他通过大量数据分析和实证研究发现，对婴幼儿早期教育的投资，可获得人力资源投入最高的经济回报率。为此，赫克曼提出了著名的"赫克曼曲线"，结论是

父母的陪伴是给予孩子最宝贵的财富

影响一个人的最佳时间是在3岁以前，那时候人的大脑处于快速发育时期，可塑性强，是最好的"投资年龄"。

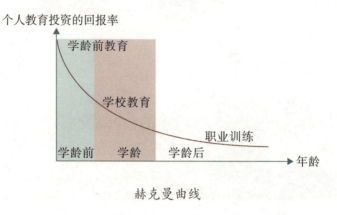

赫克曼曲线

关于这个"最佳年龄段"，美国当代著名的心理学家、教育家本杰明·布鲁姆的研究成果与赫克曼不谋而合。布鲁姆的研究报告显示，若人在17岁时所达到的智力水平为100%的话，那孩子在4岁时已具备了其中的50%，4~8岁期间再获得30%，而8~17岁这一阶段只增加了20%。看来，抓住"关键期"是众多权威学者的共识。

采访中，赫克曼列举了对孩子投资回报的具体数据：如果在0~3岁对幼儿进行人力资本投资，每年的回报率可达16%左右；而如果推迟到3~4岁时才开始投资的话，其回报率就下降到7%~10%，也就是说越早投资，对孩子的教育效果越好。而在这个时期所谓的人力资本投资，其实就是家人的有效陪伴。

对陪伴教育孩子而言，语言沟通是关键一环。赫克曼的研究显示，在美国生活水平和教育条件较差的家庭中，孩子每小时只能听到大约600个英语单词，但在生活富裕及教育条件较好的家庭中，孩子可以听到的单词数量是前者的3~4倍。

对此，赫克曼开展一些项目对弱势家庭进行家访辅导。他聘请当地农村女性作为育婴辅导员，对她们进行如何与孩子语言互动及开展游戏的培训，让她们为农村家庭孩子的看护人提供科学教养知识的辅导。这些互动和辅导其实并不复杂，如多和孩子对话，陪孩子一起搭积木、唱歌、画画、讲故事等。赫克曼发现，每个月一两次的家访辅导，每次仅一两个小时，就能达到喜人的效果。

根据赫克曼2020年最新研究评估结果，以甘肃省华池县半岁至3岁入户家访辅导早教项目为例，接受家访辅导干预的儿童中有84%表现好于未接受家访辅导的对照组儿童。经过测算，入户家访辅导对儿童技能培育的成效将使他们的大学入学率提升38%。这些技能包括了儿童语言和认知技能、精细动作技能和社会情感能力等。实验结果表明，简单的陪伴教育能产生大的效应！

让孩子在潜移默化中受熏陶

父母对孩子幼儿时期至少儿时期的陪伴，先有量变才有质变，而且什么时候、什么情况下会对孩子产生影响，具有很大的随机性。哈佛大学商学院教授克莱顿·克里斯坦森对我说，当子女长大成年后，有一次他让孩子们回想对他们影响最大的家庭事件，克里斯坦森听完为之震惊：他自己心目中的设想和孩子们所说的完全不同。这让他意识到，孩子学习的主动权其实掌握在孩子自己手里，孩子会在他们准备好时学习吸收，而不是在家长要他们学习时学习吸收（Learning is caught not taught）。如果家长不知道孩子会在什么时候准备好学习，就不能想当然地在自己想要陪伴孩子的时候强迫他们学习，这样做难以收到好的学习效果。最重要的是，家长应多陪伴在孩子身边，通过言传身教，在日常生活中以身作则，践行

父母的陪伴是给予孩子最宝贵的财富

崇尚的价值观和道德理念，让孩子在春风化雨、潜移默化之中受到熏陶教育。

克里斯坦森认为，生命中最深刻宝贵的幸福来源于温暖的人际关系，父母要尽量多把时间和精力放在陪伴孩子上，让孩子在润物细无声的影响中成为更好的人。克里斯坦森夫妇定下了一个陪伴教育孩子的原则："100%遵守诺言总比99%遵循诺言更容易。"他相信，一旦有一次破例，之后就会想方设法为其他情况找借口，毕竟生活中充斥着太多情有可原的情况。

克里斯坦森大学刚毕业时，得到了一个去波士顿咨询公司工作的机会。入职一个月后的一天，项目经理告知他那个周日下午要召开一个紧急会议。克里斯坦森充满歉意但坚定地跟上司说，他每逢周末必须回家陪伴家人，因为他认为人生的意义不是赚更多的钱，而是成为一个更好的人并帮助孩子们也成为更好的人。他的上司听完顿时火冒三丈，甩袖离开，冷静了一会儿后，他又回来告诉大家，接纳团队周五工作的方案。克里斯坦森认为，坚持这项原则是有前提的，这无关个人资历深浅，关键在于平时专注认真地工作，努力提升自己的能力，从而提高工作效率，得到老板和同事的认可，就能获得更多属于自己的时间。

除了周末不工作外，工作日克里斯坦森也会尽早下班回家陪孩子们玩。他的儿子马特·克里斯坦森（Matt Christensen）告诉我，"父亲前公司的一位同事曾说，父亲在公司是出了名的下班早"。在他的记忆中，父亲总是准时回家，"在晚饭前，太阳还没有下山时，父亲就会回家和我们一起玩……以至于我小时候以为每个家庭都和我们家是一样的。直到我二十多岁时才意识到，这其实并不寻常"。

克里斯坦森提醒，如果家长过多地把教育孩子的工作"外包"给了别人，平时很少和孩子一起游玩、生活，那么，孩子效仿学习的对象，有可能是家长不熟悉甚至是与家长价值观不相符合的人。他对此提出了一个发人深省的问题：如果孩子的价值观和品格都是从其他人身上学来的，那么，他们是谁的孩子呢？我一直以他这句话警醒自己，督促自己遵守家庭第一和在孩子面前以身作则的承诺。

大儿子在打扫卫生

3岁的二儿子在学炒菜

只是"工作狂"的人生无法被定义为成功

英特尔CEO、全球顶尖软件公司威睿前CEO帕特·基辛格（Pat Gelsinger）同样是位好爸爸。

在采访帕特·基辛格时，我好奇地问他，在如此忙碌的工作节奏里，他如何同时兼顾好"CEO"与"爸爸"这两个角色？基辛格告诉我，他也曾经历了一个挣扎与学习的过程，才逐渐学会驾驭多重角色。在职业生涯初期，基辛格和所有心怀大志的年轻人一样搏命工作，每周忙碌80个小时不在话下，更创下了几乎十年没有休假的职场纪录。31岁那年，他给自己设定的职业目标已经基本实现，这时，他才对人生有了进一步的思考与感悟。

基辛格坦承，他的思想转变源于妻子给自己敲响的警钟。一天，妻子告诉他，他可能不需要度假，但他的家人需要他放个假，需要他把时间和精力投放到孩子们的生活当中。基辛格突然意识到，一个成功的人生不能只顾工作却荒废了其他同样具有意义与价值的人生过程和生活体验。于是，他决定重新权衡人生的优先级，努力实现家庭生活、精神生活和职业生涯三者之间的平衡。

他认为，每个人在职业生涯中，总有几个阶段会经历超强压力，需要倾注全力打拼。在这一段特殊时期里，把时间和精力往工作上倾斜无可厚非，但之后应想办法找回平衡，例如，在繁忙工作告一段落后安排一个假期陪伴家人。基辛格分享道，自从把家庭生活的优先级提高后，也遇到过家庭和工作发生冲突的头疼事。有一回，英特尔的创办人之一安迪·格罗夫（Andy Crove）对基辛格说，希望他负责推出一款产品，没想到基辛格竟回复："对不起，我做不到。我已经几乎十年没有休假了，刚对家人许了一个家庭度假的承诺。"安迪惊讶地看着眼前这个曾经的工作狂，大声说："这不行，你必须要做到。"但基辛格的态度异常坚定："安迪，我的家人在我的人生中占据更重要的位置。我和家人已对度假做好了各项安排。"尽管这个固执的决定让安迪非常恼怒，但基辛格相信，"如果你总是优先对待工作，那么家庭就不是你的优先选项"。

在中国，如今越来越多企业推崇狼性文化，"996"工作模式靡然成风。基辛格呼吁大家停下急匆匆的脚步思考："你今天的工作节奏，如果在接下来的十年中持续保持，可能吗？"他认为，不管什么职业，如果今天的生活方式无法持续十年，那么在接下来的十年中你就很难取得成功，因为生活可能会崩溃，家人也许会离开你，你与孩子的关系也会越来越疏远。"如果你从不对工作说'不'，那么你将无法拥有一个幸福的家庭。"

基辛格调侃自己是个超级工作狂，时刻感受到使命的召唤。他热爱工作，所以最初在处理工作和家庭之间的冲突时没少犯难。但他真诚地去面对挑战，尽量弥补短期缺失，以取得长期把握家庭与事业的最佳平衡效果。正如他在著作《平衡的智慧》中所阐述的，事业和家庭都是一场马拉松，不是短程赛跑，都需要坚持和韧性。他想清楚了自己的使命和目标，以及人生中真正想要的是什么，以此来排列好自己人生的优先顺序，以期将平衡之道贯穿始终。

陪伴子女，可能成功的职场女性要付出更多

俗话说"女子能顶半边天"，随着时代和思想的进步，进入职场、成为各机构高管的女性越来越多，颇有巾帼不让须眉之势。很多成功的职场女性也深深认同陪伴子女的重要性，不过，为了实现更好的陪伴，她们可能要付出更多。

在男性主导的中国互联网行业里，有一位"拼命三娘"通过韧性与实力打拼出了属于自己的一片天地，她就是携程的CEO孙洁。在采访中，她向我坦言："我觉得女性真的要比别人多付出两倍的心血。作为一个CEO，24小时扑进去也不够；而作为一名妻子和妈

父母的陪伴是给予孩子最宝贵的财富

妈，这是另一项全职的重任。"在过往十余载时光里，她力争能同时扮演好CEO和妈妈的双重角色。

每天7点至7点半间，孙洁便来到公司，把要做的事情安排好。当时针指向8点，一个又一个会议纷至沓来，通常要到下午6点至6点半左右，她才能收住忙碌的脚步，转去扮演第二个重要的角色——妈妈。孙洁会把需要批阅的文件带回家里，到了晚餐时刻，陪孩子吃饭、聊天，晚上则和孩子们玩游戏，关心他们的学习和生活，那是她最重要、最美好的时刻。等孩子们休息了，9点到12点刚好是美国开市、欧洲上班的时间，孙洁又会抖擞精神开始处理公司的国际业务。她解释道："小孩子跟父母在一起的时间也就十几年，他们年幼时很需要你，妈妈每天给孩子们两个小时真的不过分，等以后他们去念大学了，那时你想陪伴他们也没机会了，更何况孩子成年后也不太需要你的陪伴了，对吧？"话毕，孙洁的神情有些低落。

"幸好我一天睡三四个小时就够，不需要太多的睡眠时间。"长期缺乏睡眠的她，能保持高效运转和充沛精力的秘诀就是争分夺秒地运动，包括上下班爬十层楼，周末不时和先生去长跑。坚守如此"铁人"般的作息时间，是为了兑现她对家人的一份承诺，她对此始终无怨无悔。

与孙洁秉持相似育儿理念的，还有盖茨基金会北京代表处前首席代表李一诺。被称为"职场女神"的她那时候不仅兼顾基金会的繁忙工作，还创办了一土学校，并经营着一个颇具影响力的公众号，除此之外，照顾三个孩子也是她的重要工作。李一诺从容地游走在不同角色之间，其秘诀就是她制定了清晰的人生排序原则，对自己人生的不同角色设定了合理的期待值。

李一诺白天的工作时间通常在基金会，下班后到9点半这段时间，是她跟孩子相处的欢乐时刻。而等到每晚9点半孩子入睡后，她又开始处理学校的事务。为了平衡工作与家庭，她晚上很少出外参加应酬。她的"排序原则"清晰而有力——孩子，肯定是优先级别最高的。

很多《领航者》节目的女性观众常常在公众号后台询问我这样一个问题：在照顾孩子之余，又该如何善待自己呢？对这个问题，李一诺做出了表率。她不断地实现自己的事业目标，同时也有兼顾好家庭和婚姻。她的原则就是"像爱孩子一样爱自己"。她认为，在中国文化中，默认"母亲就应该做出牺牲"其实是一种道德绑架。成为一个好妈妈，并不只是拉扯大几个孩子这样简单。只有把自己保护好，才能更好地照顾家庭和发展事业。过了40岁的李一诺调整了自己的心态，最终发现自己才是宇宙的中心。她分享道，如果一个人爱自己，那便要就着自己来，想要什么就去追求什么。这样解放思想和赋能于自己之后，就去做自认为有意义、值得投入时间的事，再解决随之而来的问题。

听完李一诺袒露心迹，我深表认同。头戴"职场女性"和"妈妈"两顶帽子，只有加倍付出并合理调整自己对不同角色的期待值，才能把握好家庭与职场这杆平衡秤。

没有时间规划，如何从容应对繁忙人生？

孙洁、李一诺等职场女性的榜样，对我把握好家庭与工作的平衡启发很大，也让我重新思考自己人生的优先排序。一个我很尊重的朋友曾分享道，"作为女性，你是你孩子唯一的妈妈，你是你丈

父母的陪伴是给予孩子最宝贵的财富

夫唯一的太太，但在工作中你绝对不是唯一的，没有你，地球照样转"。这激励着我一直把家庭放在第一位，并以此来安排和管理自己的时间。

我和所有职场妈妈一样，每天要在如何平衡家庭和工作之间挣扎好几回。要追求自己的梦想，不断提升自我，就不得不考虑事业的发展和职场竞争。转过头来，家里还有三只"小猴子"——有刚上小学且求知欲极其旺盛的大儿子，他正步入人生价值观塑造期，整天期待着我跟他聊天；有正在上幼儿园中班的二儿子，他精力充沛且需要家人的关注和陪伴；此外，还有一个刚学会走路的小宝宝，无论他在谁的怀里，只要一看见我，都会伸开双手要我抱，他灿烂甜美的笑容总能融化我的心。每天离家上班的那一刻，看到三个可爱宝宝的模样，伤感与不舍之情就会悄然爬上心头，但我又真心热爱自己的工作，这种难以避免的纠结感增加了我切换角色的难度。

3岁的二儿子在洗菜

要做到工作和家庭的平衡，前提条件就是在职场表现上足够优秀。如果工作上不够出彩，你为照顾家庭而在工作单位所说的"不"，很可能会成为职业道路上的绊脚石。因此，该工作的时候，我全身心投入，努力创造价值，持续学习，高效运转，为"隐形银行账户"不断存款。我深知只有高效优质地工作，才能赢得条件去安排自己的生活。为此，我一到办公室便把工作排得满满的，专心处理业务，脑海里暂时屏蔽家庭琐事，除了和团队

与二儿子的单独旅行

用餐时沟通交流，工作时段基本不和同事闲聊。有时也会在用餐期间召开工作会议，把近期工作和需要团队配合注意的问题，边用餐边交代清楚，尽量用一天时间把两天的事情做完。高效完成工作后，我便可以回家和孩子一起吃晚饭，谈心聊天，做游戏，陪他们洗澡、给他们讲睡前故事……在这段亲子时光里，我尽量不想工作上的事情，手机也放在一边。在我们家里，有个"手机不上餐桌"的习惯，确保一家人吃饭时充分交流，不受外界干扰。而等到晚上孩子们入睡后，一般在晚上九点多到深夜一两点，才是我每天的黄金工作时间。我会把手机设置为静音状态并放置一旁，除完成当天工作外，还会静下心来思考、阅读和写作。这样安排时间的代价就是牺牲了自己的睡眠及娱乐时间。从初中开始，我就习惯了寄宿生活，养成了不看电视的习惯，一直到大学毕业参加工作后我才在家里添置了电视机。我不沉迷于社交媒体，从不漫无目的地上网冲浪，也舍弃了一些作为女孩子常有的爱好，比如美容、按摩、逛街购物等。拒绝了这些会占用时间的"诱惑"，使我节省了不少时间去做更有意义的事情。

一日时间表

7:00	起床，陪大儿子、二儿子吃早餐，送他们上学
8:15—9:00	陪小儿子逛公园和玩游戏
9:00—18:00	工作
18:00—21:00	陪儿子们吃饭、洗澡、睡觉
21:30—1:00	工作或读书写作

如果在家工作：

9:00—12:00	工作
12:00—13:00	陪大儿子在家吃午饭
13:00—16:00	工作
16:00—21:00	接大儿子、二儿子放学，陪儿子们玩、做功课、吃饭、洗澡、睡觉
21:30—1:00	工作或读书写作

作为一名拥有三个孩子的职场妈妈，对我来说，并行处理多个任务已成了家常便饭。要同时把多个任务完成好，就要学会争分夺秒，充分利用碎片化的时间。比如，我的小儿子还处于哺乳期时，前三个月每天至少需要喂8次奶，占据了我很多时间。这促使我思考，如何把喂奶的时间利用起来，兼顾做些别的事情。小儿子出生时正碰上新冠肺炎疫情暴发，大儿子和二儿子都无法返校上课，我便在白天给小儿子喂奶的时候，同时给大儿子和二儿子讲故事或陪他们学习。晚上喂奶时，我边喂边听音频书，半年下来，听了十几本书，收获颇丰。由于每天时间有限而工作繁多，为充分利用碎片

化时间，我常常在洗澡、刷牙、准备出门的时候同时播放音频，或是看节目视频。在上下班或外出路上，我会打电话、回复微信和电子邮件，有时会审看片子、准备嘉宾采访材料等。

我把周末设定为陪伴孩子的时间，尽量不加班，不接外邀的主持活动。如果要见朋友，也一般是安排家庭聚会，带上孩子一起去。我很少参加应酬，不出差时每周基本有6天在家吃饭。凤凰卫视周播节目的采访工作需要我经常满世界跑。我设定每次出差不超过10天，一年最多出两三次长差，其余尽量安排两三天的短差。每次出差尽可能地紧缩行程，有时一天做两个访问，中间的空档时间排满会议。有一次，我在香港和北京之间往返，早上5点多赶乘第一班飞机，在北京参加完4个会议后于深夜1点回到香港。在与时间赛跑的道路上，有很多本不适宜高强度工作的特殊时期，我也会迎难而上。比如担任凤凰广播电台执行台长时，离预产期还剩一个月，我

孕期担任世界经济论坛演讲嘉宾

孕期在以色列做采访

挺着大肚子在香港开办了一个新的电台频道；坐月子时约台里同事到家中开会；哺乳期出差，拎着盛奶的大冰盒到处飞，出差结束后再把大冰盒拎回家；我有几期与嘉宾的访谈，是在儿子前一晚生病，我为了照顾他几乎整夜未眠的状态下进行的，但一旦采访开始我便会振作精神，神采奕奕地出现在镜头前。

所幸的是，我的工作具有一定的灵活性，可以让自己弹性地安排时间。我一般会尽量配合家庭需求提前一年做好工作计划。比如，大儿子从幼儿园升小学一年级那年，我觉得帮助他度过这一段缓冲期非常重要，于是便从年初就把工作安排好。特别是5月至7月这段时间，我把自己出外采访嘉宾的行程安排得满满当当。记得那年5月去美国出差，十天跨越三个城市，先后采访了8位顶尖人物，再加班加点写稿和剪辑，7月已经把8月、9月要播出的节目采访制作完毕。这样，我就能在8月暑假时好好陪伴儿子们，9月帮大儿子做好上小学各方面的准备。得知怀上小儿子后，我也提前安排好了工作，在孕期4~6个月时挺着大肚子到处飞，提前完成了周播节目的制作，还多储备了5个月的节目内容，保证我在孕晚期和产假期间节目的制作不被耽误，能够正常播出。所以，当认识到了陪伴孩子的重要性，明确了家庭第一的原则，自然会找到克服困难的方法，腾出更多时间陪伴孩子。

弊大于利！勿让孩子过早过多使用多媒体

陪伴孩子也讲究方法。当今社会，网络资讯业十分发达，各种动画片、网络游戏和娱乐视频等泛娱乐内容随时随处可见。一些家长在陪伴孩子时，选择把电子产品交给孩子玩，既省心又省力。但要知道，过早让孩子接触甚至沉迷于电子产品，会束缚孩子的想象力和创造力，扼杀孩子的潜能，对孩子的大脑发育和成长有害无益。这并非危言耸听，国内外许多专家对此已有研究报道。

5岁前过多接触多媒体会影响大脑发育

现代科学研究成果显示，过早、过多地接触多媒体会影响孩子的大脑发育。世界卫生组织从呵护婴幼儿身心健康的角度考虑，建议家长不要让1岁以下的婴儿接触电子屏幕，5岁以下的孩子每天接触电子产品的时间应控制在一小时以内，尤其是孩子在吃饭时和临睡前更不应让他们使用电子产品。有研究资料表明，人在看电视时的脑电波和睡眠时的脑电波非常接近，处于被动和松懈状态。0~3岁是大脑发育和智力启蒙的最佳时期，人体90%的脑细胞连接在这个阶段形成，而智力发展需要通过语言、体育、音乐、美术等不断地刺激，这些都要通过触碰、感觉、观察等去学习。过早、过多地让孩子接触多媒体，等于剥夺了孩子发展自身各方面能力的机会。而孩子一旦过了大脑发育的关键期，再想去弥补各种能力，所需要耗费的时间和精力将大大增加。

随着科技的进步和社会经济的发展，现在市面上提供给孩子玩的玩具越来越多，其中各种电子产品更是令人目不暇接。由于玩具的品种、花样和选择的增多，孩子专心玩每样玩具的时间越来越短，过多的选择使他们的兴致总是很快地从一件玩具上转移到另一件玩具上。我们观察到，现在不少孩子很难坐定专心做完一件事情，愿意长时间阅读的孩子越来越少，能够坐下来专心做手工、搭积木、做实验的孩子也越来越少。在多媒体盛行的时代，孩子的专注力已在不知不觉中严重缺失，其对大脑发育所造成的损伤更是难以弥补。如果孩子从小缺失了专注力，长大以后要他专心学习掌握某一门知识，潜心钻研一个项目，或动手完成一个课题，都将会变得十分困难，那些必须通过长久练习才能取得成就的运动、艺术等专业就更难以胜任。

另一件令很多父母头疼的事情，便是孩子沉迷于电子游戏。一位研究大脑发育的国际顶尖专家曾与我分享，玩游戏上瘾跟吸毒成瘾的原理大致一样，都是把大脑神经的奖赏系统过度激活，导致其他神经通道没那么畅通活跃，从而对大脑发育造成了负面影响。

多媒体的另一个负面作用，就是会影响孩子的社交能力。我们平时到餐厅吃饭，常常看到这样的场景——爸爸、妈妈和孩子一人拿着一部手机或iPad各自在玩，互相只有几句简单对话，没什么亲情交流，实在是让人唏嘘。还有不少家长抱怨，孩子一回家就关起房门玩电脑，一玩就是大半天。孩子整天沉迷于电脑和手机等电子产品后，与别人沟通交流的机会和时间明显变少，社交能力减弱，变得越来越孤僻和自我封闭，令家长大伤脑筋。更严重的是，研究发现，低龄孩子因过度使用电子产品会出现感觉综合失调症、多动症和情绪控制能力低下等症状，而像记忆力下降、协调性差、自我管理能力差等种种问题也变得越发普遍。

硅谷科技领军人竟不让孩子过度接触多媒体？

耐人寻味的是，创造发明这些顶尖高科技产品以及多媒体硬件与应用软件的许多美国硅谷创业者、高管和工程师，深知电子产品和多媒体具有令人上瘾与不利于孩子大脑发育的缺点，纷纷选择不让自己的孩子过早接触和过度使用这些电子产品，甚至把孩子送去完全不使用多媒体的学校就读。例如硅谷名校Waldorf School，校园里连一台电脑都找不到，学校规定学生在12岁前不能使用任何多媒体设备，而更注重让学生多参加体育活动、艺术活动和动手实践等体验式的学习。

苹果公司灵魂人物史蒂夫·乔布斯曾在接受采访时说，他规定自己的孩子在家不能使用iPad，对其他多媒体设备的使用也严格限制。《乔布斯传》的作者沃尔特·艾萨克森在书中写道："每天晚上，乔布斯一家人围坐在他家厨房长长的餐桌旁，聊聊书籍、历史或者其他事情，从来没人拿出iPad或电脑。他的孩子们似乎一点儿都不痴迷于电子产品。"

微软公司创始人比尔·盖茨同样也严格限制他的孩子使用电脑，不让他们沉迷于互联网。他的女儿在10岁前对电脑没有兴趣，10岁以后才在同学的影响下开始玩电子游戏。盖茨限制女儿每天只能使用45分钟电脑，周末可延长到1个小时。他的女儿还被父母告知，14岁之前不能拥有自己的手机。谷歌CEO也说，他11岁的儿子没有手机，在家也不看电视。苹果CEO和微软CEO等科技大佬对孩子使用电子产品的严格限制，是对我们的警醒：让孩子过早、过度地使用电子产品，弊大于利。

硅谷这些"科技爸爸"和"科技妈妈"一般会根据年龄来设置孩子使用电子产品的时间。10岁以下的儿童容易对电子产品上瘾，因此不少父母杜绝孩子2岁前接触电子产品，6岁前尽量少接触，6~9岁可以适当接触，而10~14岁的青少年则允许使用电脑、iPad和手机等电子产品，主要用于检索资料和完成作业，一些父母甚至不允许孩子使用社交网络。这些互联网大佬深知，学习的方式是多元化的，要通过阅读、动手体验、户外活动、与人交往等途径获取知识。只有多元地与外界联动，人的发展才会更加全面。

我也曾纠结如何让孩子使用多媒体这把双刃剑

虽然我了解多媒体之患，但说实话，我也时常纠结要不要让孩子使用电子产品。毕竟多媒体工具是孩子娱乐时最简单的方式，只要这些工具到了孩子手里，他们立马就会乖乖坐定，不吵不闹，不需要父母费力烦心。于我而言，常常因工作繁忙而疲惫不堪，下班回到家或休假时渴望获取片刻宁静，但孩子这时候在你身边就像小鸟似的叽叽喳喳，像小猴子似的活蹦乱跳，家里仿佛大闹天宫。我知道，这时只要给孩子打开多媒体设备或者递给他们一部手机，家里就会像被按下一个静音键，立马安静下来。但转念一想，这样为这短暂的安宁所付出的代价值得吗？现代科技发展导致使用电脑、

大儿子在阳台种菜、摘菜

二儿子正在用鸡蛋、白醋、食用
色素等制作彩色弹弹球

手机的门槛大幅降低，孩子学起来比我们成年人快多了，而如何教会他们控制使用电子产品的时长和分辨内容的优劣却没那么容易。但从另一个方面说，如果完全杜绝孩子接触多媒体，他们回到学校，当同学之间交谈动画片内容和各式角色人物时，他们能融入其中吗？这是个互联网时代、智能化时代，电脑和手机是十分重要的工具，每个人都应该掌握。此外，网上也确实有无数优质的知识内容和资源，可以让学习变得轻松、有趣、高效。那么，如何正确地让孩子使用多媒体就成了一门新学问。

我一直在思考如何引导和约束孩子正确使用多媒体。多媒体是把双刃剑，用得好可以激发和培养孩子的学习兴趣，用以查找资料，方便与人沟通，促进个性化学习，寻求最好的教育资源；用得不好则会影响孩子的专注力、大脑发育和社交能力以及认知世界的能力，甚至可能损害其身体健康。要知道，一旦让孩子养成沉迷多媒体的习惯就很难改变，其他东西也难以再引起他们的关注和兴趣，因而一定要帮助他们分析认识多媒体的利弊，只有这样才能使孩子免受多媒体之患。虽然现在家长也在大量使用多媒体设备，但最大的区别是，家长的童年并没有电子产品。让孩子从小便大量接触电子产品，与成年后再接触电子产品所带来的影响是不一样的。至于如果不让孩子接触电子产品，是否会影响孩子融入同学圈的问题，我儿子们的同伴都知道他们对电子产品不感兴趣，而孩子们之间除了游戏和动画，还有其他共同感兴趣的话题，不使用多媒体设备并没有影响他们之间的交往。

最终我和先生在实践中摸索出一套适合我们家的办法。大儿子6岁前、二儿子3岁前没有任何电子玩具，两人至今除了乘坐飞机、理发和去同学家时偶尔会看电视，回到家有时会用手机看看自己的照片、视频或歌曲MV等外，基本不看电视、不玩电脑和手机。这意味着我和先生需要调整家庭生活，家里的电视开机率在孩子睡觉前几乎为零，我们只是偶尔会在孩子睡着以后看电视；我和先生约定陪孩子玩的时候专心地玩，尽量少使用电脑和手机；在吃饭时间专注地与孩子沟通，不去碰手机。孩子三四岁后已经形成了不依赖多媒体的习惯，养成了多种兴趣爱好，长大后就不会那么沉迷于电脑、手机等电子产品。当然，随着大儿子逐渐长大并且开始接触电子产品，对二儿子、小儿子的约束会更加困难。其实，我们也并非完全拒绝多媒体，在和孩子们讨论各种问题时，我们会和孩子一起上网查找答案，观看一些短视频；还有一些需要动脑筋思考的网络游戏，如Scratch和Mine craft，我们在大儿子7岁后也鼓励他偶尔玩玩；有一些有意思的网上学习资料，会鼓励他主动去查看；前不久给大儿子、二儿子尝试了一门讲机器人的网课，他们也都十分喜欢。2020年（大儿子7岁、二儿子4岁）新冠肺炎疫情期间，每逢周末我们全家人会一起看一至两部电影，轮流挑选，看后一起讨论交谈各自的感想。

当然，每个家庭和孩子的情况不一样，难以套用同样的模式和标准。这些只是我在陪伴孩子过程中的摸索实践，拿出来与大家分享，一同体悟和寻找帮助孩子找到正确使用多媒体的方法。

父母终身学习，才能激励孩子天天向上

国内外不少研究成果表明，孩子的学习态度和习惯在幼儿时期已经养成。终身学习在当今已成为一门必修课，不论从事哪个行业和职业，保持终身学习的热情和能力，才能增强自身适应性，不被时代所淘汰。而要培养孩子终身学习的理念和热情，父母的言传身教尤为重要。父母自觉践行终身学习的理念，是引导孩子终身学习的最佳途径和方法。

常言道，父母是孩子最好的老师，此话一点不假。如果父母自己不看书、不学习，就很难要求孩子自觉完成课业；如果父母自己在家热衷于看电视，就很难要求孩子不看电视；如果父母沉迷于网络游戏，则很难让孩子与网络绝缘……家长自己都做不到的事情，又怎能说服和要求孩子去做呢？反之，如果孩子能感受到父母喜欢读书、热爱学习，从小受家庭文化氛围的熏陶，他们在潜移默化中便能养成热爱学习和思考的好习惯。

父母持续学习，激励子女高标准要求自我

吴恩达是全球在线教育先驱Coursera的创始人，谷歌大脑创始人，百度公司前首席科学家，被誉为当今国际社会人工智能领域最权威的学者之一。追溯吴恩达的非凡人生，其父母长久践行终身学习理念的榜样力量对他的影响重大。

在采访吴恩达的过程中，我有幸认识了吴妈妈。吴妈妈十分热爱阅读和学习。有一次，我约吴妈妈吃饭，闲聊中提起我近期回哈佛大学进修的事，吴妈妈当即表示，她也很想再回大学进修学习。她还说，上一次去进修是三个月前的事情了。我不禁感慨她"回炉"学习的紧迫感和密度竟如此之高！而吴爸爸已经70多岁了，还在网络上学习线上教育课程。吴妈妈、吴爸爸、吴恩达和其弟弟分别畅游在艺术界、医疗界、科技界和法律界的海洋中，做着完全不一样的事情，但他们都做到了某个领域的顶尖水平。这样的家庭氛围使吴恩达从小养成了热爱学习的习惯，他十分享受学习的过程，看书学习对他而言根本不是负担，而如同家常便饭，成了生活中不可或缺的部分。

我从许多《领航者》嘉宾和身边优秀的朋友身上发现，父母率先垂范，好学上进，所营造的勤奋好学的家庭氛围和家风会使孩子从小产生内在动力，毕生努力学习，追求卓越。

没接受过高等教育的家庭也能促发孩子对学习的爱

其实，不一定必须是接受过高等教育的父母才能引导孩子热爱学习。另一个《领航者》嘉宾大卫·鲁宾斯坦（David Rubenstein）

是全球著名的私募股权基金凯雷投资集团的联合创始人，他的父亲在第二次世界大战期间辍学加入了海军陆战队，从军队退役后，找到了一份邮政工人的工作。鲁宾斯坦的妈妈则在一家服装店工作，父母两人都没接受过高等教育，而且家里经济条件也不宽裕，但他们鼓励和支持鲁宾斯坦去接受更多的教育。鲁宾斯坦告诉我，小时候他父母买不起多少书，但经常带他去图书馆借阅图书。鲁宾斯坦6岁时得到了一张图书证，每周可以借12本书，他会把借到的书在一两天内全部读完，然后再等好几天才能借更多的书。父母对教育的重视以及从小带领他一起到图书馆借阅书籍的习惯，使鲁宾斯坦从小相信学习和阅读是生活的重要组成部分。直到今天，他即便工作再繁忙，仍然保持每年大约阅读100本书的习惯。

鲁宾斯坦的成长过程颇为曲折。实际上，他小时候才智并不出众，他中学的同学常常感慨，从未想到学生时代沉默、羞涩的鲁宾斯坦最终会成为一名商界领袖。在采访中，鲁宾斯坦回顾了自己的职业生涯。开始他选择做一名律师，但觉得自己做得并不出色，于是转入政府工作，27岁便成为美国总统卡特的国内政策副助理。卡特总统连任失败后，鲁宾斯坦经历了人生和事业的低谷。遭遇失业挫败后他又拾起了老本行，到一家律师事务所从底层做起。正是这次经历，让他再一次意识到自己并不适合做律师，明晰了自己的职业定位。"我认为，成长过程中重要的是要知道自己擅长什么，不擅长什么，你不应该继续做你不擅长的事。"于是他离开了律师事务所，37岁时创办了凯雷投资集团。在凯雷投资集团创办初期，资金筹集非常困难，90%的客户都拒绝了他，起步十分艰难。但凭着他对学习的热爱、对事业的执着和努力，后来凯雷投资集团一步步

父母终身学习，才能激励孩子天天向上

发展成为全球最大的私募股权基金公司之一。鲁宾斯坦说，要走好每一步，就要学会从糟糕的环境中找到优势，反转自己的命运。

上述这种不断突破自我的动力，让他的职业生涯横跨了法律、政府和金融三大领域。如今，他更是把触角伸向历史、外交、艺术、媒体、高校和慈善事业等多个领域，并在其间自由游弋。这一切其实都有赖于其父母一直激励着他不断学习成长，帮助他找到了真实而强大的自己。

受父母启发走上了创业之路

父母对孩子的陪伴不仅在于要付出时间和精力，更重要的是要树立榜样，帮助孩子找到适合自己的跑道，看到努力奋斗的价值。Fusion Fund联合创始人张璐的创业之路映射了父母陪伴的另一种影响轨迹。

张璐是一个很拼的女孩。她22岁在美国斯坦福大学读完工科硕士，成功创业后又将公司出售给上市公司，自己创立了风险投资基金公司，在老牌基金公司云集的硅谷脱颖而出。

张璐在采访中谈道，她的父母是白手起家的企业家，因此她潜意识里相信，创业是可以成功的。张璐从小目睹了父母早年艰苦奋斗的历程，也见证了父母如何在恶劣条件下坚持创业所获得的成就。她坚信，既然自己有比父母更多的资源的支持，即使是孤身一人在美国奋斗，也一定要把创业公司做起来。

张璐的创业之路起源于她的母校斯坦福大学。早在斯坦福大学攻读硕士时，张璐便提出了该校中国留学生中唯一被工学院选中的创业项目，并通过自己的专利技术在众多项目中脱颖而出。张璐由此创办了医疗科技公司Acetone。两年后，该公司被全美最大的医疗器械公司之一Boston Scientific收购，张璐功成身退，转而投入风险投资行业。提起一路走来的辛苦，张璐显得云淡风轻。她说，在学校边读书边创业的时候，曾经连续工作30多个小时没有睡觉，室友不让她一个人出门，担心她会突然晕倒。她经常一天下来到晚上才吃上一顿饭，有一天晚上9点她一个人去餐厅点了一桌子菜，餐厅老板看着眼前疲惫不堪的女孩，不禁问道："你还好吧？"张璐与我谈到这桩陈年趣事时笑得很开心，她说当时自己就只有一个念头——吃，一天没吃快饿坏了。一个二十多岁的女孩在学校忙得几乎没有任何社交生活，也从来没去参加过任何派对。但她精力充沛，享受着每天早上起床时比昨天又多学了一点知识的感觉。在张璐看来，将很难的甚至不可能的事情做成的过程本身就足以激发起她巨大的满足感。张璐经常说的一句话是，改变世界的同时创造财富，但最重要的是改变世界。无论是做企业，还是做投资，她的目标都是要对世界产生更大的影响力。如今她通过科技创新和科技资本投资，正在一步步探索实现目标。

张璐的创业投资之路并不平坦，因为她太年轻，又是女性，过程中也受到了很多歧视，但她从来没有因为创业被歧视而质疑自己，反而更加充满斗志和信心去证明别人的偏见是错误的，这样的性格也来源于父母对她的影响。创业很关键的因素就是要敢于做决定，张璐见证了父母创业时是如何敢于冒险与承担风险的，再加上父母从小也给她很大的空间让她自己做决定，要求她做出了选择就一定要做到最好，这让她从小形成了强烈的自我意识，对于自己想要走的创业之路清醒而笃定，并坚持以高标准要求自己，尽心尽力去完成自己设定的目标。

父母终身学习，才能激励孩子天天向上

父亲书房的灯光，是我心中不灭的牵引

很幸运，我成长在一个书香四溢的家庭。受当时社会环境和主客观条件所限，我的父母年轻时没有机会上大学，但他们从未终止过自己的求学之路，一直在刻苦自学。父亲在繁忙工作之余，进修了本科、硕士和博士课程，获得了相应学位，还长年笔耕不辍，出版了多本著作。他经常跟我说，他写作中国近代史和思想史的书籍时，往往要读数千万字的图书和研究资料，做几百万字的笔记，才能写出几十万字的书稿。

小时候，不论我多晚上床睡觉，父亲书房的灯总是亮着，不知道什么时候熄灭。上天给予每个人每天都是24小时，父亲极力珍惜和利用每一分钟进行工作与学习，通过自己的不懈努力，迎接"落后于起跑线"带来的挑战，不断完善自己的知识结构，以适应各个工作岗位的要求。后来，我遇到了形形色色的人和事，走过了许多地方，但我总会时常记起父亲书房那盏深夜亮着的灯，它时刻提醒、鞭策我通过自己的努力去改变命运。

父母的生活向来十分简朴，平时交际应酬也很少。小时候每逢周末，除了户外健身锻炼外，我们一家三口基本都待在家里看书学习和讨论问题。我读小学至初中期间，父亲不论工作

初中时期与父亲打乒乓球

再忙，每逢周末总会挤出半天时间陪我讨论问题，问题由我提出。对童年和少年的我来说，生活就是这样，读书学习成为一种自然而然的习惯，一种生活中必不可少的内容和方式。我跟先生刚结婚时，他工作很忙，周末一般喜欢睡睡懒觉，结果每次醒来，发现我们一家三口都坐在书房或客厅的沙发上看书，觉得很不好意思，便逐渐改变了周末补觉的习惯，加入了我们家的阅读队伍。这就是读书氛围的影响力。

与儿子们同学习，共成长

与全球各界领航者的访谈对话刷新了我对读书重要性的认识。我发现走在全球各个前沿领域的领航者，包括享有盛名的沃伦·巴菲特（Warren Buffett）和比尔·盖茨，都有大量阅读书籍的习惯。比尔·盖茨在微软的时候，每年会给自己安排两次"思考周"，在森林的小木屋里度过7天独处时光。在那里，他不受任何干扰，每天只是阅读、睡觉和吃饭，以及坐下来静静思考。"股神"巴菲特每天必做的事情就是读报、读书以及读行业和企业报告。他直言，是阅读改变了他的一生。他的合伙人查理·芒格曾这样评价他："我这辈子遇到的来自各行各业的聪明人，没有一个不是每天阅读的。而沃伦读书之多，可能会让你感到吃惊，他就是一本长了两条腿的'书'。"

我先生在我们有孩子之前，更喜欢看电视而不是看书。我们讨论过，如果我们希望孩子们热爱阅读，就要以身作则，把电视机关上并一起阅读。从此之后，他在孩子们睡觉前从不看电视，而是阅读书籍，进而爱上了阅读，一发不可收拾。儿子们出生后，我们便

书架上的部分中文儿童图书　　　　　　　书架上的部分英文儿童图书

每天给他们讲故事。这期间并没有刻意教他们认字，也没有规定儿子们一定要看什么书，而是让他们自己挑选想读的书，我们要做的只是和他们一起分享读书的快乐。到他们可以自己阅读之后，我们便全家一起坐在客厅里看书，互相分享书籍内容和阅读心得。碰到书中有不懂的知识，便和儿子们一起上网寻求答案，再一起讨论。

当然，父母要注意对孩子所要阅读书籍的把关挑选。我们家书柜虽然积累的书不少，但还是会经常到图书馆借书阅读。拿到图书后，我一般事先会大致翻看一下，做初步的内容把关。这是因为我之前在带4岁的二儿子读书的过程中出过"小意外"：有一回和他在读书的过程中发现有一本是讲支持同性恋父母的，还有一本谈到性的。我觉得这两本书中的内容和话题不适合这个年龄段的孩子，他们还无法分辨和理解这些内容，所以父母在绘本的挑选上可以适当把握方向。

还有一些书中的部分内容也不适合让太小的孩子听。如果碰到这种情况，我会在读给儿子们听的时候适当做些简化或改编。我也曾在这个问题上犯过糊涂。有一次，3岁的二儿子突然说："你不乖，我就要抽你的筋，剥你的皮！"这让我备感震惊。随后我才想到这句话应该是出自曾跟他讲的《西游记》中的片段，当时读给他听的时候并没有进行过滤，但还在进行语言积累的二儿子却对这种表达非常"感兴趣"。这个插曲让我进行了深刻反省，儿童读本和童话故事中也有很多暴力残忍的片段，需要稍加过滤处理。比如，把白雪公主毒死，后妈怎么对待孩子，兄弟间的互相残杀等情节出现时，我会选择进行柔性地软化或淡化处理，而不会照着绘本直接读给儿子们听。

与儿子们互动时，我不仅喜欢讲故事，也热衷于跟他们一起"演"故事。我们会讨论角色分工，一起准备道具和做表演设计，这种演故事的游戏方式既好玩有趣，又加深了孩子对故事内容的理解，强化了他们的表达能力和与团队合作的能力。

儿子们都热爱阅读，特别是8岁的大儿子，看书的速度惊人，我要做的只是时常把他从书里拉出来休息。小小年纪的他常常感叹，如果不让他读书是对他最大的惩罚。我总觉得，爱阅读是一粒会发出智慧之光的种子，种在孩子幼小的心田里，日后一定会长成参天大树，发出耀眼的光芒。凡是热爱阅读的孩子不会差到哪里去，因为阅读会使孩子看到世界之大与奇妙，心胸变得开阔，更懂得努力学习和约束自己，成为让孩子拥有丰盈精神生活的重要源泉。

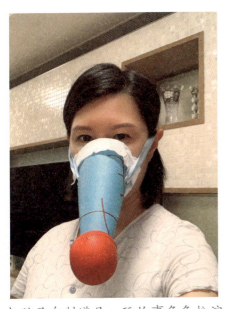

与孩子自制道具，玩故事角色扮演

父母终身学习，才能激励孩子天天向上

163

思路决定出路，在陪伴中建立成长型思维

父母陪伴孩子学习，可以帮助孩子将终身学习的理念渗透到生活中每一个部分，而终身学习需要成长型思维的加持支撑才得以延续。那么，父母如何在陪伴过程中帮助孩子建立成长型思维，并走向成功的人生呢？

成长型思维始于家庭

斯坦福大学心理学教授、全球顶尖心理学家卡罗尔·德韦克（Carol Dweck）几十年来专注于研究决定一个人成功的因素，她得出的结论是——最重要的是从小给孩子建立成长型思维。

在接受《领航者》节目采访时，德韦克告诉我，她小学时代是在纽约度过的，当时班主任按照学生的智商测试成绩来安排座位。她的遭遇可能许多中国学生也或多或少地经历过，在中国，许多学校多年来也采取类似的做法。

德韦克是班上智商测试成绩最好的孩子，她被老师安排在第一排座位，当时内心还有点沾沾自喜。后来成为心理学家后，她才意识到当时看似受益者的她其实是个受害者，正是老师和同学们对她聪明头脑的过多赞誉，使她形成了时时处处要保持自己聪明形象的心理压力，使她逃避挑战，畏惧失败。

为什么有些人勇于接受挑战，面对困难异常坚定和自信，而另一些同样具有天赋的人却畏惧挑战，一遇到挫折便容易崩溃？童年的经历触发了德韦克的研究兴趣。大学毕业后，她开始潜心研究这一课题，经长期研究，她揭开了决定一个人成功的秘密——所持的

思维模式的不同。

德韦克发现，那些事业和人生都发展得较好的人，往往更倾向于成长型思维。他们相信通过自身努力和良好的策略以及其他人的帮助，可以不断提高自己的能力并最终走向成功。与之相反，另一些人倾向于固定型思维，消极地相信一个人的智慧能力是天生的，在幼年时期已经形成，很难加以改变，后天对此无能为力。

德韦克的研究还发现，一个处于固定型思维模式的人，总是想让其他人看到自己最好的一面。当他失败时便会垂头丧气，惶惶然不知所措。但当一个人处于成长型思维模式时，他便不会害怕尝试有挑战的事情，不畏惧犯错，遇到障碍和困难能够勇敢地面对和克服，努力争取获得成功，时刻保持积极进取的心态。

这也解释了毕业几十年后老同学相聚时，常常出现的现象：有些在学生时代引人注目的同学，后来在职场和事业上平淡无奇；而当年被老师和同学们认为普普通通甚至调皮捣蛋的同学反而在事业上获得了较高的成就。

既然成长型思维如此重要，那么，究竟怎样才能培养一个人的成长型思维呢？德韦克分享了她多年研究的成果：培养的黄金时期就在幼年。在此期间，孩子成长型思维模式的养成很大程度上取决于从父母那里得到肯定和表扬的方式。如果家长平时总是表扬孩子的聪明和才能，会使孩子更多地养成固定型思维，认为保持天生的聪明和才能非常重要，并觉得那才是家长和老师喜欢他或重视他的原因，因而会尽力在所有场合着力表现自己聪明的一面。而当他们遇到靠自己的聪明解决不了的问题时，便会产生负面心态，担心万一失败了会显得很愚蠢，从而惧怕挑战，回避困难，选择更为安全保守的道路。

为此，德韦克建议家长要从小着力培养孩子的成长型思维。家长平时要更多地表扬孩子勤奋学习、为力争上游所做的努力，鼓励他们对学习保持兴趣和热情，认同他们勇于接受挑战以及坚韧不拔的精神，帮助孩子逐渐形成成长型思维，养成通过自己的努力去解决工作和人生难题的性格与心态，在人生道路上自信地发展自己的技能和才华。

现实生活中，上述表扬孩子的方式对家长来说比较容易做到，困难的是，如何教会孩子面对失败。德韦克的研究结果显示，父母对待孩子遭遇失败的态度会影响孩子的思维模式。如果父母在孩子面前坦然面对失败，或有意给孩子制造一些小的挫折或失败，善于引导孩子思考挫折或失败的原因、总结经验教训并寻求改进方法，便能给孩子传输更多的成长型思维。

我在采访中与德韦克当面请教自己在育儿中的一个困惑：我发现孩子很难坦然面对挫折或失败。大儿子三四岁时，有一次我们玩游戏，他输了后竟然大哭起来，而且一直坚持要玩到他赢才作罢。德韦克告诉我，这种时候，许多父母会故意"放水"让孩子赢。这也许能保护他们的自尊心，但失去了让孩子学会接受挑战和面对失败的机会，没有教他学会输也要输得有风度和有价值。"这时候，家长要做的是引导和鼓励孩子反思总结失败的原因与教训，重新再玩一次、两次、三次，直至他们靠自己的实力打败你，才会使孩子认识到胜利来之不易，要经过自己的努力才能收获，这种经历对孩子的成长非常重要。"家长要支持孩子尝试去做自己想做的事情，但同时也要让他们了解各种游戏和竞争都会有输赢，让他们学会在面对挫折或失败时能够泰然处之，并能够善于反思改进，这对孩子的健康成长颇为重要。

从小把"做不到"从字典里删除

"飞鱼"迈克尔·菲尔普斯（Michael Phelps）是世界上获得最多奥运奖牌和金牌的运动员，共囊括了28枚奥运奖牌，23枚奥运金牌，打破了19项世界纪录，被称为历史上最伟大的奥林匹克运动员之一。菲尔普斯可谓是践行成长型思维的典型案例。他小时候被发现患上了"注意力缺陷多动症"（ADHD），做什么事注意力都没法集中、自控能力差、好动。他从小是个淘气的孩子，一刻也闲不下来，不是在院子里到处跑，就是在家里到处窜，屋子里凡是能打碎的东西都被他摔了个遍。"你的儿子太淘气了，从来不能专注于任何事情。"菲尔普斯的小学老师常常向他妈妈抱怨。但菲尔普斯的游泳教练鲍勃·伯曼（Bob Bowman）后来竟在媒体采访时说"菲尔普斯最大的长处就是专心"，这句话背后饱含了多少艰辛与付出。

菲尔普斯的训练过程异常艰辛。他11岁被教练伯曼发现具有游泳天赋。由于菲尔普斯的父母在他9岁时离了婚，伯曼教练在某种程度上扮演了小菲尔普斯父亲的角色。他为小菲尔普斯设定了魔鬼训练计划：每天至少5小时，每周6、7天都泡在水里训练，每周至少游泳8万米，不能参加任何派对或商业活动。很多人都羡慕菲尔普斯一天能吃含12000焦耳的食物，这是正常人的6倍。在接受《领航者》的采访时，菲尔普斯告诉我，这对他来说其实是一件很痛苦的事情。吃饭对他而言就是一个繁重的任务，他需要制定极其严格的时间表，固定每天几点要吃一次，才能逼着自己吃够含12000焦耳的食物，以保持体重。这导致他现在退役了，不需要吃含这么多热量的食物了，还是没法享受吃美食的乐趣。

菲尔普斯坦言，小时候他就把"做不到"这个词从自己的字典中删除了。"因为这个词很负面。一旦说'我做不到什么'，就会把这种想法植入脑海，暗示自己这件事不可能做到。其实不该这样，应该给自己一个机会。" 他相信，个人的能力可以通过努力不断拓展。菲尔普斯颇有感触地说："无论我的梦想是什么，我都要找到实现的方式，并且朝着目标一步步前进。"他在训练中始终遵守"梦想—规划—实现"三大步骤：首先想清楚自己的梦想是什么；然后制订行动计划，把大目标切分成若干个小目标；最后通过自己的努力拼搏一一实现。

菲尔普斯是个非常好胜的人，为了胜利可以不惜付出一切代价。对胜利的渴望令他每次参加游泳比赛时都特别专注，这也治愈了他小时候的"注意力缺陷多动症"。不过，失败总是难免的，即便像菲尔普斯这般成就非凡的人也面临过很多挫败。菲尔普斯年少时每逢输了比赛便会非常气愤自责，脾气火爆。有一次他气得丢掉了护目镜。教练伯曼告诉他，要学会把气愤转化成动力，光气愤是没有用的。后来，每次输了比赛，他都会冷静地和教练一起分析失败的原因，然后加倍努力投入更多训练，他明白，这是达到目标必须付出的代价。

菲尔普斯遇到重大挑战从不放弃，相信通过努力总能克服困难。在2008年北京奥运会游泳比赛中，他的护目镜出现问题，沾满了水看不清周围的东西，而且情况越来越糟，以致游到最后100米时他已经什么都看不到了。但他在这种情况下仍然没有放弃，继续奋力前进，最终打破了世界纪录。有时在游泳训练中受了伤，他想的不是受伤这件事有多么痛苦和难过，而是冷静思忖在受伤的情况下他还有什么可以继续训练的内容。

菲尔普斯经历过的最大挑战，是他在15岁赢得第一块金牌后患上了抑郁症。他分享道，那时每次参加奥运会后他都会陷入消沉低迷的状态，感到迷茫困惑，甚至萌发轻生念头，走过了一段很漫长的黑暗道路。幸运的是，他在家人、教练和专业治疗师的帮助下渐渐战胜了疾病，重新找回了人生意义。渡过难关后，他勇敢地站出来与人们分享感悟，不回避自己曾经患上抑郁症的事实，借助自己的影响力鼓励并帮助更多患者与疾病抗争。他认为，能帮到别人甚至挽救一个人的生命，比赢得奥运金牌的价值大得多。

就是这样的成长型思维，伴随并激励着菲尔普斯不断成长，不断接受挑战，不断向更高、更有价值的目标冲刺。

跳出舒适圈，成长为更好的自己

回顾我自己的成长历程，从小父母也没有一味表扬我聪明，而是更多地鼓励我勇敢尝试新的东西，让我不畏惧困难和失败，不断学习成长。从父母的陪伴和教诲中，我获取了力量，懂得了成功没有捷径的道理，懂得只有坚持学习和不懈努力才是人生最重要的资本积累，进而蓄满前行的动力，使我在人生道路上一直以从容的心态和乐观向上的态度迎接一个又一个挑战。

我在本科母校斯坦福大学主修经济学，毕业后去投资银行干了一段时间，又在凤凰卫视当了一回新闻记者和主播，然后回归校园深造，在哈佛大学肯尼迪学院学习公共政策，研究生毕业后又返回凤凰卫视担任了新创广播电台的执行台长。随着视野的不断扩大和经验的不断积累，我于2017年开办了现在作为制片人兼主持人的访谈节目——《领航者》。2021年，抱着对创新教育探索的理念，应李泽湘教授邀请，我成为深圳科创学院的创始合伙人和副院长。回顾这段人生经历真可谓是"无知者无畏"，人生才过了三十几载，已跨越了多个界别，做出过多次大跨度转移的职业抉择，凭着满腔热情和努力拼搏一路前行。

回忆起在投资银行工作的情形，当年的疲累和艰辛仿佛至今还能隐约体会到。那时，我每天的工作时间基本是从早上九点到半夜两三点，没有周末，每周熬一两次通宵，没日没夜地工作，每周基本有四天在出差，有时一周七天几乎每天都在飞机上，成了名副其实的"空中飞人"。当时我年近80岁的姥姥很气愤地说："你不要给资本主义干活了，把人都榨干了，我们不要他们的钱！"我父亲每晚临睡前都给我打来电话，问我回家没有，即便我每天的答案都是一样——"还没有"。父亲常说，"你们又不是研究原子弹，怎么会这么忙？"有一回，我终于拥有了一个可以休息的周末，倒头连续昏睡了14个小时，把我父母给吓坏了，他们还进房间用手指放在我的鼻腔处试探我的呼吸，看看是否正常。

但是，我从来没有向亲人朋友抱怨过这些苦与累，我的想法是，既然自愿到投资银行工作，就要以乐观的心态去迎接每天的挑战。当时，在我们一起入职的"新兵"里，我与另外一个同事总是最晚离开办公室。有一次，那个同事凌晨四点跟我聊天，疑惑地问我："你怎么还能笑得出来啊？"我跟她说："你想想看，整天抱怨，自己烦，身边的人也烦呀。"既然是自己的选择，就没什么好抱怨的。我反而觉得是自己"赚"到了，投行不仅支付高薪给我，还给了我扩大视野和见世面长知识的机会。在投资银行，所有工作都需要员工在自觉快速地学习成长中完成。入职第一年就要独自与客户打交道，甚至代表银行发表意见。此外，还要接触各行各业的知识，包括资本市场表现、不同行业的运作和发展前景、财务估值、审计、法律、评估、政府报批等。经过两年投资银行工作的历练，我惊喜地发现自己"长大"了——学习能力增强了，做事情上手快，效率高，有条理，说话直击要点，不怕吃苦，抗压力强，不怕被骂，心理素质与多种能力就这样被锻炼出来了。

在摩根士丹利期间与同事的合影（一排左二）

从投资银行转入凤凰卫视做主播时，我一点新闻传媒的经验都没有，公司安排我从新闻编辑和记者的岗位做起，了解新闻运作。我被台里安排在《凤凰早班车》节目，每天凌晨4点钟上班，中午1点钟下班。其他老员工都想周末放假，而作为新员工的我没有周末休息的机会，一周里可能有五天睡觉时间不一样，中间有两天得用来调时差，作息的混乱状态可想而知。之后我到了记者部，每天晚上9点才会被告知第二天采访的任务和行程安排，对新闻采访应变能力的培养就是在这个阶段快速养成的。后来我又去播新闻，也是要

2007年在凤凰卫视担任新闻主播

先从夜班做起，晚上11点上班，次日早上7点下班。就这样，在时间的混乱交错中，我度过了在凤凰卫视的第一年，正是这难得的一年培养了自己扎实的媒体功底，让我获益良多。

从哈佛大学读完研究生回到香港，我婉拒了若干家投资机构和国际组织的聘用，选择回到凤凰卫视。这次集团交给我的任务是创办全新的电台业务。在此之前，我几乎没有听过电台节目。接到任务后，我每天花大量时间快速收听世界各地优秀电台的广播节目，快速了解电台业务，从中汲取经验。刚进入凤凰集团时，我的职务是凤凰广播总裁助理，我一个人花了一个月时间写了几百页的申请书向香港特区政府申请电台牌照。就这样，从一个人、一张桌子和一把椅子单枪匹马干起，从申请频道、建发射站，到办公室的设计装修、人员招聘、节目策划、市场营销等，都由我一手操办，缺乏经验的我只能边学边干，快速地学习消化。那时我告诉自己，既然接受了这个任务，就必须全力以赴把事情做好。庆幸的是，我的努力和付出最终得到了台里领导和同事们的认可，在28岁那年我成为香港最年轻的电台台长。当时和我打交道的香港特区政府工作人员

和其他电台台长基本上都是50岁以上的"老男人"。开始去参加香港特区政府会议时，会议主持人问我能否叫上司一起来，因为在会中就需要做出重大决定，而我看起来不像有决定权的人。后来我通过会议、谈判和交流表现出的专业水准得到了行内人士的尊重，再没人质疑这个只身前来开会的20多岁女孩了。

创办《领航者》访谈节目也一样是挑战重重。我之前并没有太多电视采访经验，也不怎么看电视，但当我确定这是我要做的工作时，我便在短时间内快速、大量地观看全球各类优秀访谈节目，汲取别人的经验，最终拿出了这档高端访谈节目的策划方案，勾勒了节目设想，并恳请同事、朋友们给我提建议，帮助改进及完善策划方案。压力山大的我，在开播头两年非常忙碌与紧张，平均每晚只能睡4~5个小时，工作和生活的界限完全消失，我无时无刻不在思考如何才能办好节目。采访每一个嘉宾前，我基本上要阅读六七十页资料，包括他们以往接受过的采访、相关领域的资料和人物传记等。在专访人工智能、生物科技等领域的嘉宾之前，我还得花大量时间去研读该领域相关的书籍和资料。

身边有些朋友实在看不下去了，他们不理解我为什么要把自己搞得这么累，觉得主持人翻一翻资料，抓几个要点去访谈便行了。他们笑称我做惯了好学生，以好学生的态度和方法来做采访工作。我着实思考了一番，是否自己太笨了，但后来想通了。对我而言，资料准备和专业学习不仅是做好采访所必需的工作，更是目的本身，我不仅是为了做好访谈而做功课，而是做功课本身就是我享受的学习新知识的过程。每一次嘉宾的访问，对我来说都是一次很好的学习机会，促使我打开了一扇门，进入一方新知识的殿堂，用大文豪海明威的话来说，都是"一场可带走的盛宴"！

我很庆幸和感恩的是，付出的辛劳得到了各方的认可。很多嘉宾感慨，我的采访是他们接受过的最好的采访，我能让他们放松下来进入聊天对话的状态，还能抓住核心问题和关键环节展开深入探讨，引导访谈步步深入。这其实是因为每次采访前我都做足了功课，这样嘉宾们便会更有兴致地跟我聊更深入的话题，分享他们的成功经验。

我丰盈的人生很大程度上是父母从小对我的引导教育和榜样力量使然。父母的陪伴和以身作则，不仅能与子女建立紧密的亲情联系，成为一辈子无话不谈的朋友，还能帮助孩子建立成长型思维模式，形成良好的学习和生活习惯以及一辈子受用的价值观与人生态度。

盈 思 盈 语

◆ 错过了影响孩子成长的黄金期，父母再想要重新扭转孩子的价值观、思维方式、脾气性格以及学习和生活习惯，恐怕已来不及了。

◆ 要做到工作和家庭的平衡，前提条件是你要在职场表现得足够优秀。如果工作上不出彩，那你为照顾家庭而在工作单位所说的"不"，很可能会成为职业道路上的绊脚石。

◆ 过早让孩子接触甚至沉迷于电子产品，会约束孩子的想象力和创造力，扼杀孩子的潜能，对他们的大脑发育和身体成长有害无益。

◆ 爱阅读是一粒会发出智慧之光的种子，种在孩子幼小的心田里，日后一定会长成参天大树，发出耀眼的光芒。

◆ 面对孩子时，家长认同他们勇于接受挑战以及努力坚韧的精神，就能更好地帮助孩子逐渐形成成长型思维。

05

引领

——引领正向价值观，与孩子践行
"得"与"赠"的幸福守则

不能因为有钱，就改变生活方式。

——亨利·保尔森

我们每个人的每一天都在砌着自己
人生这座大厦，所做的每一件事都是大
厦上的一块砖。

——曹德旺

每个人对社会做一些事情，就是很
好的公益。

——梁锦松

引 领

大儿子（8岁）

爷爷带着我看小说，

爸爸带着我学游泳，

妈妈带着我学知识，

弟弟带着我干架，

我带着自己长大。

二儿子5岁时
的作品

在当今信息爆炸的年代，人们常常面临来自外界的各种诱惑，如何才能不受外界变化和世俗价值取向的干扰，保持内心的安定，并把握好人生方向？从小引导孩子建立正向的价值观与伦理道德观念，这是他们未来人生路上的指南针，以及决定他们能走多远最为重要的因素。只有从小打好伦理道德根基，当父母和老师放手后，孩子才能适应变化的社会环境，把握人生和事业的舵把，做出正确的抉择，进而找到自己想走的路，发掘人生意义，为造福社会而努力。

相信生活点滴的力量，塑造孩子健康的财富观

在我采访过的一百多位全球各界领航者中，很少嘉宾是作为富二代、富三代长大的，这确实值得人们深思。大卫·鲁宾斯坦在接受我的采访时谈道："没有人曾经继承过十亿美元，然后获得了诺贝尔奖。"父母一辈子奋力拼搏，努力创造并积累财富，其中最大动力之一是希望下一代接受更好的教育，获得更成功的事业，享受更美好的生活，可谁曾想到，往往是财富阻碍了下一代的成长，让他们失去了最起码的进取动能。这也许就是"优越的代价""富裕的陷阱"，我在采访许多领航者时，直接或间接地感受到他们在拥

有财富后对下一代的隐隐担忧。有些嘉宾坦然地说，每每看到那些有钱人的孩子要来给他这种原来没钱、没背景的人打工，心里就会暗自感叹。他们也由此联想到，要让自己的孩子获得像自己当年一样拼搏进取的驱动力，确实是一件很困难的事情。

不少《领航者》嘉宾与我分享，不快乐的人往往是世界上最富有的人，他们认识很多腰缠万贯的人，赚了很多钱却不知道该怎么用，灵魂备受折磨，以炫耀财富来显示自我价值，却没有真正对社会做出什么贡献，实在令人感叹。可见，赚钱并不能直接使人幸福！

家长究竟应该怎么做，才能帮助孩子塑造健康的财富观呢？一些《领航者》嘉宾对这个问题给出了自己的答案。

有钱不等于要改变生活方式

美国前财政部部长、全球顶级投资银行高盛集团前主席兼CEO亨利·保尔森（Henry Paulson）和他的太太一致认为，不能因为有钱，就改变生活方式。他们夫妇俩身体力行，努力通过自己的行为去影响孩子。保尔森告诉我，在他成为高盛集团主席后直到今天，他们一家仍然住在1974年通过借钱在他父母家旁边亲手盖的一幢小房子里。他绘声绘色地跟我描述当时建造这栋居所的场景："我自己动手清理出一片土地，然后劈开石头建造火炉。"看得出来，他很喜欢自己亲手建造的这幢乡村小屋并为之自豪。

保尔森夫妇在日常生活中践行"不能因为有钱，就改变生活方式"的理念。采访时，保尔森的同事跟我谈到一件趣事，有一回，保尔森拿到了高盛集团的巨额奖金，同事建议他去公司旁边的一家大品牌店买件好点的大衣，结果保尔森买回家一进门就被太太痛骂："我们不希望成为那样的人。"他只好灰溜溜地把大衣拿去退货。

保尔森从来不带孩子们去旅游度假区的豪华酒店享受奢华的假期，而是经常带他们去野外露营旅行，直到现在，他还会时不时带孙子们去体验露营的苦与乐。他笑着告诉我，儿子长大后有时会自己偷偷去度假，因为和父母一起就只能享受"风餐露宿"。保尔森夫妇一致决定不留太多的钱给儿孙，他的儿子笑说，当父亲告诉自己连10%的资产都不会留给他的那天，是他人生中最悲哀的一天。

几乎每个人都想把自己一生积累的财富留给儿孙，此乃人之常情，无可厚非。保尔森和太太也花了很长时间思考什么才是留给孩子最好的财富。保尔森和我分享，他看到过太多出生在富裕家庭里的孩子，他们仿佛得到任何东西都不费吹灰之力，这种看似宽裕的生活反而让他们无法获取真正的幸福与成功。他和太太不希望自己的孩子也那样。夫妇俩坚信，引导并帮助孩子树立正确的财富观对孩子一生的影响比直接留给他们一笔钱重要得多。他和太太力图通过言传身教和自己的生活方式给孩子们树立榜样。保尔森一家经过商量，一致同意将家庭积存的钱用来捐建一个专门给环保项目提供资助的基金会，而儿女们都是这个基金会的成员，让他们和父母一起为社会提供服务，切身体会为公益付出金钱、智慧和时间的快乐。

"穷养" VS "富养"，谁家的孩子更有出息？

不少嘉宾们在采访中谈到过多的财产往往会使孩子们失去奋斗

的动力，成为他们通往成功和幸福路上的绊脚石。相反，不留过多的财产给下一代，更能激发他们努力拼搏进取的动力。另一位《领航者》嘉宾、香港恒隆集团董事长陈启宗秉持的"钱不传代"的理念源自他的父亲——恒隆集团的创办人陈曾熙。陈曾熙与李嘉诚、李兆基、霍英东等是同一代人，共同参与缔造了"二战"后香港的经济繁荣。由于父亲的严谨家教，陈启宗从小就没感觉自己是个富二代，也从未想过会从父亲那里继承财产。陈启宗参与集团管理很长一段时间，父亲都没有让他持有恒隆集团的股份，只拿一百多万港币的年薪。后来集团成立了薪酬委员会，发现陈启宗享有的待遇不合理，才增加了他的年薪和股份。

陈启宗对自己的儿子也沿用其父亲的教育方式。他的大儿子陈文博与我分享，他大概从7岁左右便知道家里不会有任何遗产留给自己。家里提供他读书时的所有开支，但当他大学毕业就业后家里就不会再给钱了。有一回，我跟陈文博闲聊起"旅游"这个话题，他说很希望自己在上海工作期间可以去祖国内地更多的地方旅游，但苦于没钱。我简直惊呆了，追问："你说的没钱是什么意思？"他解释，在上海工作的两年多时间里，他每天骑自行车上班，也从不乱花钱，但每月交完房租后，工资也就所剩无几了，拿不出更多到内地旅游的钱来。谁能想到，香港大富豪后代的日子竟然过得如此"窘迫"。

陈启宗说，钱不留给子孙后代是陈家的传统。他们坚信，"穷养"比"富养"的孩子更有出息。如果一个孩子还没懂得赚钱，却学会了乱花钱，那就很难再激发出其内在的驱动力和奋斗精神。陈家不以财富衡量一切，而是更注重对社会做出的贡献。

他们家族把从商所积累的财富最大限度地用来回馈社会。他们把自己的所有财产注入一个基金会，用于资助公益事业，捐资修复北京故宫建福宫花园，先后向中国科学院、香港中文大学、美国南加州大学等捐出巨款，向哈佛大学一次性捐出了3.5亿美元，成为哈佛大学自1636年创校以来获得的最大一笔单项捐赠。而对于随着这些善举接踵而来的荣誉和头衔，陈启宗选择了一一婉拒。

陈启宗很认可一句话："现在有些人，穷到就只剩下钱了。"陈启宗认为，钱更重要的用途是捐助公益事业回馈社会，而留给下一代最重要的"隐形资产"则是正向的价值观和道德标准。

陈启宗"钱不传代"的财富观实在令人敬佩，他在家里、公司和社会上始终表里如一、言行一致的优秀品格，是他传承给下一代更为宝贵的财富。

我心中的"背影"——熬夜赶稿的父亲

我的财富观同样得益于我的家庭。父母从小教育我视钱财为身外物，不必太过看重。从小他们就不给我限定零花钱，在我每次想买东西时，让我想清楚自己是否真的很需要、很喜欢这件物品。小小的我也明白，买了这件物品父母可能就没钱去买下一件我喜欢的东西了。他们给予我充分的选择权，也教我学会比较，谨慎用钱。从四五岁开始，我便学会了这种理性的"购物思维"。有时想买点什么，再斟酌一下后觉得自己其实并不是特别喜欢便作罢了。不过从孩童至长大成人，只要是我特别喜欢的东西，父母一定会尽量满足我。

五岁时，有一天我和父母在商场里闲逛，见到一个姐姐在试弹钢琴，她姿态优雅，曲调动人，我第一时间产生了学钢琴的愿望。当时买一架钢琴需耗费父母近一年的工资。即便如此，他们因为那是我真正想要的东西便下定决心买给我。父亲不想让我长时间等待，为了凑够买钢琴的钱，连续一段时间下班回家后，在书桌前奋笔疾书直至深夜，争取尽早攒够稿费给我购买钢琴，实现我的愿望。听母亲说，我婴儿时的奶粉钱也是父亲这样辛苦熬夜写稿赚回来的，有几次家里的奶粉快要"断供"了，父亲还让出版社给他提前预支稿费。长大后我开玩笑说，父亲的文笔是我给"逼"出来的！

小学时在家练琴

我们一家三口平时基本都在家吃饭，偶尔外出用餐有剩菜时，会用猜拳的方式决定谁把剩菜吃光，或是谁点的谁负责吃完。到我参加工作有了收入，请父母出去吃个饭，还是每次都把吃剩的饭菜打包回家，从不浪费。

父母的生活向来十分简朴，他们一直热衷于以各种力所能及的方式帮助社会上有需要的人。虽然母亲体重刚刚达到允许献血的标准，但这么多年她一见到路边的献血车，总忍不住上前去自愿献血。我读小学的时候，家里条件并不宽裕，母亲仍坚持每年捐助两名山区孩子的学费，与他们写信交流，鼓励他们在学业上积极进取。

如今我身处这个过于追求奢华的年代，却从不热衷于名牌服饰，甚至有些中学时代的衣服到现在我还穿着，这得益于从小在家里养成的金钱观和物质观。即便后来我在投资银行工作，赚取了高薪也从不乱花钱。我对物质生活一向容易满足，相比背名牌包包，穿戴大牌服饰，我更有兴趣多阅读些书刊，内心总觉得，读书的收获远比追求那些时髦奢华的东西有价值得多，阅读能使我心灵充盈，拓展我内在与外在的世界。

在闲聊中向孩子传递正向财富观

和儿子们闲聊是我日常生活中非常享受的事情，同时也是一个春风化雨、潜移默化地引导教育孩子健康成长的过程。

有一回，上小学一年级的大儿子去同学家玩，回来后告诉我，同学家很大，有三层楼，还有花园和好多部小车，家里还请了很多保姆……大儿子描述时，眼神里满是羡慕，然后他不禁感叹："住大房子真好！"听罢，我笑着问他："是不是非得住大房子才好呢？你觉得我们家地方不够用吗？"他回答："那也不是。"我便语重心长地告诉他："家是什么？家就是家人住在一起的地方，一家人健康和睦地聚在一起，是不是比住大房子更重要、更幸福？"

大儿子似懂非懂，转而又问："为什么同学家这么有钱，能买得起这么大的房子？"于是，我们又聊到对钱的理解。我告诉他："妈妈以前在投资银行工作，现在转行做媒体，工资少了几倍。"大儿子不解："那你为什么要转行呢？"我跟他解释："不同行业的工资标准不一样，但这并不是衡量一个人价值的唯一标准。比如说在政府工作的公务员，收入一般不高，但如果他们有心就能做成很多帮助他人的事情，甚至还能提升老百姓的生活品质。妈妈之所以愿意降薪到媒体行业工作，是因为我很喜欢，觉得这份工作可以帮助更多人从访谈嘉宾身上学到有用的知识，与更多人分享成功人士的故事，传播正向的价值观，这不是很有意义吗？"儿子疑惑地问："妈妈，你为什么不爱钱？"我跟儿子坦言："我并不是不爱钱，只是觉得这世上还有比钱更重要、更有价值的东西。我希望你以后也能选择做自己喜欢的事情，能给他人带来快乐的事情。当你做成了这些对社会有意义又可以帮助更多人的事情后，就会发现这比赚钱重要得多。"谈到这里，我问他："如果我们很有钱，你觉得我们会买这么多辆车，请这么多个保姆吗？"他斩钉截铁地说："肯定不会。"我欣慰地笑了："到那时候我们可以选择把一部分钱捐出去，帮助更需要钱的人。"

就这样，我和先生每天在与儿子们的日常对话中悄然把财富观、

破了的裤子孩子们坚持要继续穿

价值观的讨论融入其中，让他们慢慢建立起自己的人生格局和价值观念。我们从来不会正儿八经、板起面孔对孩子说："儿子，今天我们来聊一聊财富观、价值观问题。"毕竟，这些所谓的"某某观"对孩子来说太过宏大，他们还不能理解那些大道理。顺应孩子每天想聊的话题，在讨论中传输所认同的理念，他们会有更浓厚的兴趣，也更能听得进父母所注入的精神养分，在心里播下正向的种子。

这些在日常聊天中所传递的潜移默化的影响，使儿子们从小养成了良好的生活习惯。他们从不在逛商店时嚷着要买这买那，而且基本没提出过增添玩具的要求；衣服、裤子脏了破了，洗洗泡泡、缝缝补补继续穿；在外面餐厅吃饭时，吃不完的食物打包回家；报名参加活动前首先询问价格，不会冲动消费……我们希望儿子们从小形成的勤俭节约的习惯和积极正向的价值观，伴随他们长大成人，内化为一生的心灵财富。

以身作则，父母才是孩子的首任品德导师

在培养子女的过程中，家长的榜样作用最具引导效应。人们都说，父母是孩子的第一任老师。孩子从呱呱坠地开始，父母日常的一言一行，孩子都会看在眼里，记在心上，父母自然而然成了孩子模仿的对象。要引导和教育孩子从小形成良好的价值观，父母就必须在日常生活的言谈举止中时刻以身作则，形成良好的家风家教，营造有利于孩子健康成长的环境氛围。

每天做的每件事都是人生大厦的一块砖

记得我采访过一个人，他是福耀玻璃集团董事长、被誉为"中国首善"的曹德旺。他个人的慈善捐款累计已超过了160亿元人民币，他创办的河仁慈善基金会开创了股权捐赠模式，推动了中国慈善法治的进程，被社会广泛称为"中国企业家精神"的代表。这位大慈善家出身于福建省东南沿海农村一个一贫如洗的家庭。他9岁才上学，14岁因家里交不起学费而被迫辍学。我在采访中与他谈起早年生活，曹德旺说不堪回首，感叹那是用言语无法形容的艰苦岁月。年少的曹德旺，不仅饱受饥饿与贫穷的折磨，还要忍受他人的欺负、侮辱和嘲笑，被同龄孩子打骂驱逐。饱尝人世间冷暖炎凉的曹德旺并没有因此屈服和感到自卑，他凭着常人难以企及的坚强意志，走过了一段艰辛坎坷的人生路，最终走向了成功。成功以后，他为家乡捐赠巨资建学校、医院、路桥和社区公园，资助当地农民改善生活条件，提高受教育水平，避免他少年时的悲剧重演。

曹德旺至今仍依稀记得，小时候母亲告诉他，邻村里有一位经商的船长心地正直善良，经常往返莆田贩猪苗，从不少人分文，也从不问别人多要一分钱，乡亲之间托他帮忙捎带或购买东西，都是清清楚楚的，不占一丝便宜，因此村里所有人都信任他。母亲教导他长大后也要像那位船长那样，成为一个值得人们信任和托付的人，要做到穷要穷得清，富要富得明。他践行了母亲的教诲，努力走好人生每一步路，做好每一件事。

曹德旺深情地说："我们每个人的每一天都在砌着自己人生这座大厦，所做的每一件事都是大厦上的一块砖。不要因为我们今天很累或者很穷，觉得买不到好的砖，就随便拿一块码上去。要知道，砌进去的砖是拆不下来的，而垒高了以后假如承载不了重量，这大厦就会倒下来。做人亦如此，很多人之所以在辉煌的时候摔下来，都是因为缺失远虑而成千古恨。"

多年来，许多金融和房地产、互联网项目的负责人拿着各种看似利润丰厚的投资项目找上曹德旺的家门，邀他参与投资开发。但曹德旺给自己定了一个原则，那就是自己不熟悉的领域，绝不勉强，坚持以认真的负责态度做本行，拒绝了赚快钱的机会。他几十年如一日，坚持只凭自身努力，赚自己会赚和能赚的钱。少年穷困潦倒时，曹德旺最大的心愿是能"过上好日子"。如今发达致富后，他仍然坚持"天下的钱挣不完，够花就行"的质朴理念，热心捐助公益事业。他坦言，当今社会上一些企业的扩张计划过于盲目和浮躁，不择手段地通过各种渠道融资、投资，甚至罔顾法律法规和制度，这必然会给自己和社会带来种种隐患。

在曹德旺眼中，"贪"和"贫"两个字虽然笔画类似，可在现实生活中却失之毫厘谬之千里。他坚持以高度负责的态度，码好人生这座大厦的每一块砖。作为一名成功的企业家，曹德旺平日不喜交际，经常一两个月都不去应酬，每天下班后尽量回家吃饭、看书。他也刻意与政府官员保持距离，从不向政府官员提出免税优惠等要求。看到周围一些企业巧立名目寻求政府资助，他坦言，企业家的价值是要为社会创造财富，如果企业家要靠政府资助，那就失去了存在的价值。

采访那天，我原本想约两名员工从不同侧面谈谈曹德旺，却被他委婉地拒绝了。他说，自己不想做那些自我吹嘘或表扬的事情。

多年来，曹德旺怀着一颗慈悲之心，像大家长一样照顾和关怀集团员工，甚至自己掏腰包给成百上千名经济困难的员工、大学生以及社会上需要帮助的人治病。一些员工的医疗费高达几十万元，他都默默承担了。而有个别得到帮助的人，不仅不感激他，还跑去闹事。

曹德旺认为管别人难，管好自己容易。永远记住要厘审秋毫，码好人生大厦的每一块砖。社会的和谐安定要靠整个社会的每一个成员管好自己，这样天下才能太平无事。

于生活细微处见诚信

当下，诚信缺失已经成为人们所诟病的社会现象，也是造成时下许多社会道德滑坡乱象的肇因。加强诚信建设已成了全社会的共识。

台湾地区"半导体之父"、台积电董事长张忠谋在接受《领航者》采访时谈道，诚信应是企业运营的至高原则，也是做人的底线。他从日常工作和生活小事做起，约束自己的行为并影响家人，让他们感受到诚信的重要性。

他的太太张淑芬跟我聊起一件趣事，她跟张忠谋结婚后不久的一次新年，张忠谋看到家里有六七本公司的笔记本，便问张淑芬有没有付钱，她回答说没有。张忠谋听完严肃地指出，如果公司每个眷属都这样做，会变成什么样子？张忠谋当下与张淑芬约法三章，要求她以后不可以把公司的任何东西拿回家里。

不仅如此，张忠谋也从不撒谎。张淑芬笑说，有一次朋友送他们一盒水果，张忠谋还没来得及吃，见到送礼那个朋友时，张淑芬私下小声提醒张忠谋，要记得对朋友说吃了水果，谢谢对方。谁知张忠谋竟然把她拉到一边，严厉地批评说："我以为你是不骗人的。"在张忠谋看来，他还没吃朋友送来的水果，就不能这样说，否则就是骗人了。张忠谋在其他事情上均如此，对自己和身边人的道德要求很高，这成了他做人的重要原则。

与孩子一起将爱心延展

从早年香港银行界华人"第一人"，到香港特区财政司司长，再到全球顶尖私募基金黑石集团大中华区主席和香港大财团南丰集团董事长兼CEO，梁锦松的人生看起来总是高高在上的，连结婚的对象都是中国的国宝级运动员——"跳水皇后"伏明霞。但其实，他在事业上和人生中经历过多次严峻考验。而正确的价值观和信念，是他每次都能突围而出的秘诀，让他每临大事都能心态平和，临危不乱。

梁锦松相信，在决定一个人未来能走多远的诸多关键因素中，价值观和品格所占分量很重，因而，教养孩子拥有正向的价值观要比取得优秀的学习成绩重要得多。当今世界动荡复杂、变幻莫测，孩子面对种种异动容易变得困惑、恐慌和缺乏自信，而"慌"有可能使他们做出不该做的事情，很难收获内心的平静。他说，只要没有到外地出差，晚上临睡时他都会跟孩子聊天，这是传递价值观的良好机会。他承认，自己有时也会忍不住生气惩罚孩子，但在晚上与孩子谈心时，他便会主动向孩子承认错误，请求原谅，让孩子看到爸爸其实也会犯错，道歉不是一件难事。他也常常反思一些具体的事情该怎么合理解决，碰到"小冲突"时他会让孩子懂得爸爸为什么会生气，怎样做才是对的。在聊天时，梁锦松还会跟孩子分享身边朋友的生活和世界各地发生的事情，唤醒孩子对周遭正在受难的家庭、国家或地区百姓的同理心，希望孩子不要只关注自己，也要学会关爱他人和关心社会。我记得有一次和他家人一起去游乐场玩，有个活动项目让我们有机会去摸白鲸，大人和孩子都很兴奋地排队等候，只有梁锦松正读小学高年级的女儿一个人静静地坐在排队旁边的一张公园椅上，我热情地喊她快点过来排队。这个小姑娘竟然从容地回答："没事，让其他人先去吧，人比较多，不知道能不能安排得过来，最后如果有位置我再去。"这番回答真让我深感意外，她对他人的关心和谦让给我留下了深刻印象。

梁锦松教育孩子的方式不只言传，还身体力行，平日里他热衷于帮助他人，特别是年轻人。他怀揣着极大的热情从事公益事业，策划和落实教育改革，让年轻人跟上急速变化的世界大趋势，鼓励和推动年轻人投入创新和创业，自己也跟随年轻人一起研究新课题并共同成长。他说："每个人对社会做一些事情，就是很好的公益。我希望我的孩子看见爸爸所做的事情，不是每一件都为了自己，而是很多事情都是为了其他人。通过这样的方式，让孩子学到做人的根本，而不仅是为了自己的吃吃喝喝。"

学会尊重，从身边小事开始

教会孩子善待和尊敬他人，是每一个家长都明白的朴素道理。然而，这仅凭父母的言传远远不够，还要靠父母平时的身教。

我每天在送孩子上下学的路上，总会遇到建筑工人、清洁工人或保安。每次见到他们我都主动打招呼问好，寒暄几句，久而久之，儿子们见到他们也非常礼貌，不需要我提醒便主动与他们搭话。一位负责收集小区垃圾的清洁阿姨告诉我，小区里有些孩子见到她不仅不打招呼，还称呼她为"垃圾婆"，而这些孩子的父母竟没有劝导制止，这让她心里很不好受。还有些住户嫌弃他们脏，不愿意与他们同乘一部电梯，因此小区物业规定，如果有住户在电梯里，这些清洁工人就不能进去，这也很伤他们的自尊心。这位清洁阿姨夸我为人好。其实，我们做的都是小事，像见到他们礼貌地打个招呼、问候两句；有时外出吃饭时把多出来的饭菜打包送给楼下保安和清洁阿姨，或是家里做了好吃的给他们送去一些；过节时候，让孩子们给他们派小礼物。在我和家人看来，这些都是起码的礼貌和待人之道。要知道，不懂得尊重他人，也不会得到他人的尊重；不善待他人，便不能要求别人善待你。在日常生活中让孩子学会关爱身边一个个真实的人，才有可能去爱他所生活的城市与家国。

世人都道成功好，怎样引导孩子看待成功？

很多时候，人们容易把成人世界的"成功"标准，有意无意地传给孩子，影响了孩子的价值观。"房子、车子、票子"这些时常挂在父母嘴边的话题，会在日常不经意的交谈中使孩子误以为物质与金钱的多寡是衡量"成功"的标尺。究其实，在我们周围的世界，"成功"并非只是用社会地位和金钱数字所能衡量与评价的。那么，我们对于下一代应该传递什么样的"成功"观念呢？换言之，培养孩子的长远目标应该是什么？

毋庸置疑，家长们对孩子最大的心愿是希望他们拥有健康和幸福的人生。但家长往往又很容易被短期目标"绑架"，乃至一叶障目，不见泰山。如果我们把目光放长远些，思考清楚希望孩子获得什么样的人生和如何定义成功，或许我们今天对孩子引导教育的内容和方法就不一样。

获得幸福的秘诀原来是……

美国著名文学家马克·吐温曾经说过："如果我们能在80岁的时候出生，然后慢慢走向18岁，那生活将会幸福无比。"假设时光可以倒流，我们的人生可以重来，那么，年老时回首，又可以发现哪些人生智慧呢？

哈佛大学80年前启动了一项人类有史以来关于成人生活时间跨度最长且最全面的研究，研究者每年追踪724名成人的工作、家庭和健康情况，为我们回看人生提供了可能。这项长达80年的研究可以帮助我们通过观察别人获得人生的经验与智慧，分别运用于我们20岁、30岁、40岁的当下。

这项研究的现任负责人、哈佛大学医学院教授罗伯特·沃丁格（Robert Waldinger）向我解释说，决定一个人是否生活得健康幸福的关键因素，不是声望、财富以及成就，而是在于他和家人、朋友以及与周围人群的亲密程度。研究结果表明，那些对自己的人际关系感到比较满意的人，以及那些当他们需要时能获得来自亲朋好友的支持帮助从而获得安全感的人，他们晚年的身体会更加健康，头脑也更加清醒。

此外，沃丁格还提出了几个建立良好人际关系的方法，比如：不必过于处处逞强，而要学会示弱，勇于承认自己的脆弱及不足，努力提升自身寻求别人帮助的意识和能力。有些人认为自己的成功只需靠自身努力，不需要其他人帮助，这样其实很难获得真正的成功，也不会有良好的人际关系。有的人不希望自己被别人依靠，不愿意去帮助别人，这一类人同样很难在社会上建立和维持良好的人际关系。良好的人际关系一定是相互的，我帮你，你帮我。这些建议和我们日常看到的那些成功"硬汉"的形象可能不一样。沃丁格认为，那种强撑起来的"硬汉"其实非常糟糕，很多人最后变得更加孤独并承受着更大的压力。最成功的领导人往往善于与别人合作共事，善于搭建人与人之间相互沟通和理解的桥梁。

良好的人际关系让我们在生病、害怕或遭遇失败的时候，身边依然有不离不弃的人。沃丁格谈道，他们向被调查者提出了一个问题："列举所有当你半夜生病、害怕时可以打电话的人。"有些人连一个可以寻求帮助的人都列不出来，连配偶都不在这个名单上。沃丁格认为，良好的人际关系能让我们获得一种安全感，让我们更愿意去探索未知和承担风险，而不必担心可能会遭到批评、指责甚至被抛弃。

父母又该如何看待与孩子之间的关系呢？现代社会总是强调"独立"，很多孩子与父母没有建立亲密的关系。其实，独立人格与良好亲密的人际关系并不矛盾，独立只是让孩子有足够的安全感去做自己想做的事情，在人生道路上放心地向前冲，当孩子失败了，有亲友在后面坚定地支持他们。但如果走向另一个极端也不好，有许多父母对孩子百般呵护、百依百顺，不再关注自己与配偶的关系。沃丁格认为这会给孩子树立一个不好的榜样，让孩子以为他们是家庭的中心、宇宙的中心。如果孩子形成了这样的观念，对他们的一生都没有好处，一旦他们走上社会，便会发现没有任何人是宇宙的中心。因此在日常生活中，我们不要事事以孩子为中心，不要让家里所有长辈都围着孩子转。在家庭里，夫妻间的关系其实才是最重要的。美国著名大脑研究专家约翰·梅迪纳（John Medina）分享，很多男性朋友咨询他，怎样才能培养出优秀的孩子，让他们日后可以考上哈佛大学等名校？他的回答是，回家去好好爱你的太太。

社会情感教育是孩子成长必需的"维他命"

既然建立亲密的人际关系对人生的长远幸福和成功那么重要，那么，家长就要尝试从小教育孩子如何与人相处。孩子与同学有时难免会发生冲突甚至打架，也难免会被欺负。遇到这类问题，我也曾有过一时冲动，想立即与老师或对方家长沟通，把问题解决了。但再细想，这样包办就等于剥夺了孩子应对各种情况和解决问题的机会，于是便控制住自己。我让孩子说清楚事情经过之后，尝试放手让孩子自己解决问题，化"敌"为友，如若不行，便先让孩子自己跟老师沟通。假如再行不通或事情比较严重的话再依时机介入。我平时在生活中会注意把握合适机会跟孩子分享自己解决各种问题的心得体会，分享应对人际关系矛盾和难题的方法，包括遇到不公正待遇时该如何应对。希望孩子以后碰到类似问题，能想起父母的经验，找到解决难题和摆脱困境的办法。这样，孩子在外面吃的苦头多了，接触的人广泛了，积累的经验丰富了，自然也就成熟了。这比跟他们讲大道理的效果好得多。让孩子在成长过程中有机会独自面对问题，才能使他们积累信心与能力在以后的人生道路上面对和解决各种各样的人际纷争。

其实，儿童期和少年期是情绪管理与情商教育的黄金时期。平时注意让孩子自己表达出他们的情绪，包括生气、快乐、羞耻、尴尬等，然后告诉他们每个人出现这些情绪都是正常的，并进一步引导他们思考：我为什么会产生这些情绪？当我产生这些情绪时该怎么做？如何管理好自己的情绪？遇到儿子发脾气时，我一般会鼓励孩子说出自己的情绪，让他们先深呼吸十下平静下来。如果孩子有负面的情绪，我也会先让他们发泄一下，等情绪平复了再跟他们讲道理。另外，家长应引导鼓励孩子多交朋友，多参与各种团队活动，比如体育活动、文艺表演、辩论比赛等，让孩子在与其他孩子相处的过程中，学会与不同文化和背景的人打交道，培养团队协作的理念，学会建立和维护良好的人际关系，这对他们一辈子都会产生正向作用。

关于成功，我的看法也在转变

从小到大，社会给我们添加了许多包袱，社会流行的文化往往引导人们专注于对社会地位、声望、财富以及事业成就的追逐，似乎拥有了那些才是一名成功者、一个有价值的人。成长于这样的社会氛围中，很难完全摆脱其影响。我在三十多岁时，经历了一个重新发现自我的过程，改变了我对成功的看法。

2015年8月，我突然发现我的脸上和脖子上长了几粒小水泡，几天都没有消退。我上网查了一下，怀疑自己长了水痘，便去医院抽血检验。检验结果证实了我的想法。我心里"咯噔"一下，随即想到，医生给我开了抗病毒的药，而我刚好那个月的生理期推迟了，为保险起见，还是检查一下是否怀孕了稳妥放心些。我便马上到妇产科做B超，一看结果，果真怀孕了。医生看了胎儿影像，告诉我看不清楚胚胎的状况，要不就是因为才怀孕一个多月太早了，要不可能是宫外孕。这如同晴天霹雳，一下子把我打蒙了。想到刚好这时长了水痘，要用的各种药可能会对胎儿造成影响，我鼻子一酸，泪水不停地往下掉。

就在我还来不及思考接下来该怎么办时，接到了凤凰卫视领导给我的来电，说公司已经决定关闭我所负责的电台业务，要我马上着手安排处理有关人员。虽然这是因为看到数码广播（DAB）的技术已经落伍，长痛不如短痛，不要让公司继续亏损，我在半年前给公司提出了关闭电台的建议，但在诸事不顺的这一天接到这样的通知，我真有"屋漏偏逢连夜雨"之感，一时没晃过神来，只觉得脑袋轰轰作响，根本无法形容当时的复杂心情。

大儿子的水痘疫苗还差一针没打，为了不传染他，先生陪着我从香港的住处转移到深圳父母家里进行自我隔离和治疗。到了深圳，我的肚子开始剧烈疼痛，心想，这回可能真的是宫外孕了，顿时哭成了泪人。这时我基本每一寸皮肤都长满了水泡，由于担心自己被当成传染病病人实施隔离治疗，我就忍着痛没去医院。两天后的大半夜，我的肚子实在是绞痛难忍，只好去挂了急诊。医院检查是盲肠炎已穿孔流脓发展成了腹膜炎，情况非常不好，建议当晚马上做手术。我长这么大从来没因患病做过手术，一下慌了神，决定硬着头皮回家，打算第二天回香港找熟悉的医院和医生做手术。结果到了凌晨五六点，我突然疼得在地上打滚，连叫救护车都来不及了，先生马上开车送我到医院。我问医生的第一个问题就是："开刀的话能不能保证小宝宝的安全？"医生告诉我，我的盲肠已经穿了两天了，脓水已流到腹腔，再不开刀会有生命危险，宝宝的事情先别想了。我只记得，当时的疼痛感无法掩去我心中的难受，但也没有办法，必须马上进行全身麻醉做手术。开刀后发现整个肚子里装满了脓水，做完手术还需用插管把脓液引流出来，前后住了一个星期医院。记得手术后刚清醒那会，我开口第一句话就是："宝宝保住了吗？"医生说，这是一个自然淘汰的过程，如果宝宝还活着，就证明他应该没事；如果不能，自己可能就流产了。我当时感觉如同五雷轰顶，泪如雨下。

也许是因为使用了麻醉药、抗生素、止痛药、抗病毒等各种药物，导致身体的免疫系统失调，出院后我又出现大面积的过敏症状和孕期大出血……但那段时间我还是强撑着到外地出差。这让我父母和先生都很生气，坚决反对我继续这样子下去。终于有一天，医生下了"最后通牒"，说想要保住宝宝就一定要卧床休息，不能有任何生理和心理上的压力，如果要上班，一个星期最多也只能去两天，否则后果将十分严重。这句话把我吓坏了，只好接受了医生的建议。

卧床休息的日子里，我一边祈祷宝宝平安健康，一边思考现在这种事业上的成功是不是我所追求的。我问自己：有了孩子以后，究竟还有什么事情是我所热爱的，值得我每天把他们丢在家里去上班。盘点三十年走过的人生道路，斯坦福大学、哈佛大学、摩根士丹利投资银行、凤凰卫视的新闻主播、香港最年轻的电台台长，这些在外人眼中看起来光鲜亮丽的"成功者"标签，我都已经获取了，但扪心自问，好像还是缺了些什么，我心中追寻的理想究竟在

世人都道成功好，怎样引导孩子看待成功？

何方？

我想起，当初令我放弃摩根士丹利投资银行的高薪工作来到凤凰卫视，不就是希望拥有一档属于自己的访谈节目，去记录时代和传播好的故事和价值观吗？而过去十年，渴望得到更好的头衔、职位、平台等想法却一直阻碍着我，使我迟迟没有迈出追寻自己最初梦想的那一步。进一步反思，我那些亮丽的头衔和平台可以帮助我下一步走去哪里呢？什么才是自己真正钟爱的事业和追寻的梦想呢？

卧床休养那段时间，我突然想通了，十年过去了，我连尝试都不敢，一直害怕被拒绝，从没有向台领导表明那初心的愿望。今天如果就此要我放弃，我实在是不甘心！于是等身体恢复稳定后，我向公司高层汇报了我的想法，没想到马上得到了公司领导的大力支持，在公司和团队的帮助下，《领航者》节目经短暂筹备便正式启航。

我在父母的陪伴和引领之下，还是用了十年时间才找到了自己所爱的事业，转变了对成功的看法，可见"找到自己"实属不易。但人生不就是一个不断接近理想目标的过程吗？

培养孩子的目标不仅是发掘潜能，还要懂得回馈社会

确实，作为社会的一员，一个孩子在成长过程中需要获取社会这个大村庄里各种各样的资源，得到各种帮助，仅仅把培养孩子的目标设定为释放孩子的潜能和拥有幸福健康的人生就够了吗？培养

孩子的另一大目标是否应该设定为让他们心怀感恩，回馈社会，帮助这个"大村庄"里更多需要帮助的人？

学会感恩和回馈社会

爱因斯坦曾说过："人们应该小心，不要向青年人灌输以下思想，即生活的目标就是获得习惯意义上的成功。因为在大多数情况下，成功者从他的伙伴那里获得的东西，远远超过他对他们所做的贡献。但是，人的价值应该体现于他能给予什么，而不在于他能获得什么。"我们在家庭教育和学校教育中都要注重培养孩子塑造一颗能为造福社会而努力的心。

《领航者》嘉宾、美国斯坦福大学校长马克·特榭－勒温（Marc Tessier-Lavigne）深知大学在变革中所肩负的责任，那就是不仅要推动变革，还要帮助社会更好地理解变革，帮助人们为变革做好准备。他强调，学校有责任引导科技成为向善的力量，不论学生学哪方面的科技知识，都要教导他们思考所从事的工作在社会和道德层面上的影响与作用，增强他们服务社会的意识。他认为，大学教育远不止于帮助学生找到好的工作，获得所谓世俗意义上的成功，更为重要的是培养学生成为有社会参与感的公民，重视他们所从事工作的社会价值，并且将他们的所学应用于解决社会实际问题，为推动社会发展付出心力。

哈佛大学的教授之一迈克尔·桑德尔（Michael Sandel）在接受我的采访时，说了一番对我颇有启发的话语。他表示，近年来人们对成功的态度发生了改变，那些获得成功的人相信他们的成功是由于自己付出努力而应得的，认为很了不起，这也暗示了那些处于社会底层或尚未取得成功的人们，他们是因为不够努力所以才不能获得成功，是自食其果。这种"精英狂妄"表达的是：我们虽然生活在同一个社会，有些人贫穷是由于没有像"我"这般努力工作造成的，"我"对其他人没有任何责任。

这种傲慢的态度所带来的公民危机，甚至超越了经济收入悬殊所带来的影响，从而导致了对弱势群体的歧视，也使社会团结和共同目标很难实现，引起了被歧视的困难阶层更大的怨恨。即使有些精英阶层人士确实靠勤奋工作获得了成功，但许多人都很努力地工作，却没有获得同样的回报。成功并不仅仅是靠个人的努力，还和先天优势、出生家庭、所受教育、是否遇到了合适的行业职业以及所处的环境、条件和机会等多种因素密切相关。

回顾自己的人生路，一路走来也遇到过不少困难与挑战，当中虽然有自己的不懈奋斗，但也一直有"贵人"相助——家人、老师、领导、同事、朋友的帮助与支持。否则，无论我有多勤奋、多努力，天赋再好，也不可能获得这些成绩。我深知，许多同龄人也都努力过、拼搏过，比我更有天赋和才华，却没有获得同样的回报。在一个人成长的路上，勤奋努力与持之以恒是必须的，但并不是取得成功的唯一因素。因此，我们在漫漫人生旅途中要葆有谦逊之心，清晰地看到自己需要改进与完善之处，意识到总有一些人的天赋、才华和能力比自己强，没有丝毫可以骄傲和懈怠的资本与借口。唯有不停地学习、探索、进取，才能让人生之路不断在脚下延伸拓展。此外，还要清醒地意识到：一个人的价值不是来自与他人的比较或得到他人的肯定，而是来自对自己事业的追求，来自自己内心的充盈和对社会做出的贡献。教会孩子懂得珍惜自己所得，感恩命运的眷顾，要勤奋努力、谦卑待人，把帮助身边的人成为更好的人作为自己所追求的人生价值，更多地回馈社会，不懈地向更高目标前行。引导孩子形成并拥有这样的价值观，是所有家长值得为之追求的目标。

出资25亿港元支持创新教育

从默默无名的一介凡人，到成为市值几千亿元的腾讯商业的主要创始人，陈一丹可以说在人生的上半场大获全胜。面对成就和财富，陈一丹对于人生追求有了更多的思考。他热心于慈善和公益事业，在腾讯开创了中国公益慈善的互联网时代。在《领航者》节目的采访中，陈一丹回忆，在正式卸任腾讯首席行政官职务两个月前的一个晚上，他忽然想明白了自己长久以来隐隐约约想做的事情。他从床上跳起来，在日记本上写下了自己的愿望：设立一个突破宗教、种族、国家限制的人文奖项，旨在鼓励人类对教育做出的贡献。

陈一丹希望拿自己生活所需之外的财产去做内心认为更有价值和意义的事情。他认为，如果能做点什么事情推动创新教育的发展，他会发自内心由衷地感到幸福。

陈一丹说，教育对他人生的意义非凡，如果不是因为上学，他不会认识马化腾，不会参与创办腾讯，更重要的是无缘认识他的太太。教育对陈一丹的影响比他接受采访时所说的要更大、更深远。陈一丹的祖母是一个目不识丁的农妇，但她重视教育，将陈一丹的父亲培养成村里第一批大学生中的一个。等陈一丹逐渐长大，他意识到，当他在城市出生的时候，他习以为常的一切，其实经历了家里两代人的奋斗。陈一丹认为教育的力量是超越时代的，教育改变

培养孩子的目标不仅是发掘潜能，还要懂得回馈社会

了他的人生，也应该成为他一生为之效力的事业。

2016年，陈一丹捐资25亿港元，设立了全球最大的教育单项奖——"一丹奖"，每年拿出6000万港元作为奖金在全球范围内奖励两位致力于教育创新研究和实践的杰出人士。该奖项比诺贝尔奖的奖金额度还要高，他希望以此举措让大家聚焦最好的教育，学习借鉴和广为复制先进的教育理念与案例，践行中国先贤说的"达则兼济天下"。

陈一丹说，他理解的成功不是一个结果，而是一个过程。在人生这段旅途中，做自己认为对的和乐意做的事情，内心充满喜悦，在这个过程中学习和成长，在他看来这就是成功。他人生追求的是内心的安定和幸福。他立志毕生坚定不移地尽一己之力去推动教育不断创新发展，造福人类。马化腾赞誉陈一丹是正直、友善、关爱和信任的同义词。我通过和陈一丹的交往也有这样的感受，他的内心世界丰富充实，让他具有智慧力量的同时保持谦和。

怎样才能把"感恩"点亮？

我是家里的独生女，在大城市比较优越的家庭环境中长大，但我很幸运没被"过多的爱"所宠坏。其中，家庭的家风、家教和价值观的影响固然很重要，反思自己的成长道路，我觉得在中学阶段能接触到背景各异的同龄伙伴同样也是重要因素。

我所在的幼儿园和小学同学的背景都差不多，使我从小认为自己所拥有的一切都是理所当然的。进入中学后，我第一次近距离接触到家庭背景迥然不同的同学。广州华附汇聚了全省各地最优秀的学生，包括来自贫困农村家庭的同学，他们一路走来付出了比城市同学更多的努力。华附是寄宿学校，同学们吃、住、学习都在一起。我至今记得，那时候在学校食堂吃饭，我每餐大约花四块钱点两素一荤，但有些家境困难的同学每餐只花四毛钱吃白饭加咸菜或青菜草草果腹。家庭给予他们经济上、物质上的支

初中时到清远市学农

持很有限，但他们通过自己的努力，与其他同学在学业上达到了同一水平。

令我印象深刻的是那时候学校组织我们去参加广东最贫穷的地区之一——清远县（现为清远市）扶贫的活动。清远县距离繁华的广州市也就一个多小时车程，可经济发展和百姓生活水平与广州市大不相同。那次活动的时间虽不长，却让我深切体会到同在一片蓝天下人们的生活水平差异之大。贫困山村孩子们那一双双渴望读书、渴望通过掌握知识来改变命运的大眼睛，经常在我学习松懈时浮现在脑海，督促我珍惜机会努力学习，不能枉费上天赐予的优越条件，希望将来有能力去帮助更多的人，更好地回馈社会。

这些经历让我意识到，自己并不比别人优秀，只是拥有了别的同学所没有的条件和机会。我也意识到，自己得到的一切来之不易，我逐渐学会了感恩并珍惜我的所有。那段心路经历培养了我的

培养孩子的目标不仅是发掘潜能，还要懂得回馈社会

同情心和同理心，使我更能体会他人的境遇、情绪与感受，从而以平等谦恭的心态对待所有人。那时候我就立下决心，无论以后从事什么职业，我都要尽己所能去帮助社会上有困难和需要扶助的人群，实现更多人的幸福。为人母后，我便把这样的人生价值观通过生活点滴传递给儿子们。

对孩子来说，感恩可以从每天的小事做起。在我们家，每晚临睡前全家会一起分享当天值得感恩的三件事情，让孩子们从点滴小事中发现身边人和事的闪光点与生活的美好，让一天的最后时光在快乐的记忆和感恩氛围中结束。家长平日面对和处理各种事情的态度，孩子都看在眼里。我在第二次怀孕时病得够呛，医生下了"卧床令"，迫使我在家休息了一段时间，对此我没有抱怨，反而十分感恩和珍惜那段全职在家与大儿子及家人共处的宝贵时光。人生总有起伏，也有许多不可预料的事情。当不如意的事情发生时，我们当然会不开心、烦恼、无奈，但这时候任何抱怨都于事无补。我们所能做的就是怀抱感恩之心去面对每一天，以乐观阳光的心态去面对世界。这样，我们就会活得潇洒快乐，不会总认为是别人或社会"亏欠"了自己。也唯有这样，我们才会更愿意付出，去感谢那些曾经帮助过自己成长的人。

教育孩子回馈社会也要从自己做起，平时多参与一些义工活动，与孩子们分享感悟，也可以带着他们一起去做些力所能及的小事。比如去探访老人家，去海边沙滩捡拾垃圾，把衣服、玩具等捐赠给孤儿院和山区的小朋友等。这样，通过日常生活的点滴，从小在孩子心中埋下同理心和感恩的种子，希望他们将来运用自己的所学回馈社会，帮助更多的人。

参与义工活动时给非洲人民寄送家具

在西藏探访孤儿院

盈 思 盈 语

◆ 只有从小打好伦理道德的根基，当父母和老师放手后，孩子才能适应变化的社会环境，把握好人生和事业的舵把，进而找到自己想走的路，为造福社会而努力。

◆ 顺应孩子每天想聊的话题，在讨论中传输所认同的理念，就会使他们有更浓厚的兴趣，也更能听得进去父母所注入的精神养分，在心里播下正向的种子。

◆ 在日常生活中让孩子学会爱身边一个个真实的人，才有可能去爱他所生活的城市与家国。

◆ 家长往往容易被短期目标"绑架"，如果把目光放长远，思考清楚希望孩子获得一个什么样的人生，或许今天我们对引导教育孩子的内容和方式就会不一样。

◆ 教孩子学会感恩可以从每天的小事做起。如在每晚临睡前全家人会一起分享当天值得感恩的三件事情，让一天的最后时光在快乐的记忆和感恩氛围中结束。

06

|憧憬

——打破"平均"，摒弃"单一"，
让教育重回本真个性

> 我认为21世纪的主旋律是将科学技术知识与来自人文、艺术与社会科学的洞见结合在一起。
>
> ——马克·特榭-勒温

> 大学最重要的任务就是要把学生培养成审慎的批判性思考者。
>
> ——苏必德

> 以项目制教学为基础的创新培养机制不仅与应试教育不冲突，而且也符合人才培养和成长规律。
>
> ——王殿军

憧憬

大儿子（8岁）

未来的城市是大树，

未来的学校是叶子，

未来的老师就是我。

大儿子 8 岁时
的作品

在社会竞争日趋激烈的当下，很多家长感到困惑、无奈，认为自己不过是社会教育系统中的一颗螺丝钉，哪能准确把握未来发展趋势，走出一条与传统教育迥异的路呢？在家庭里为孩子做的那些事真能改变些什么吗？不管创新教育的调子唱得多高，在目前的教育体系下，孩子还是必须经历高考升学的路径才能获得更好的工作机会。

确实，家庭教育不可能孤立于学校教育和社会教育而存在。学校是孩子接受教育、全面成长的重要场所，每天孩子在学校的时间长达8~10个小时，这就需要家长在为孩子选择学校时不能仅仅唯名校是举，而要在具备条件的情况下，明智地为孩子选择与父母的教育理念相符合的并能适应未来人才培养需求的学校。只有家庭和学校的教育理念一致，孩子才不致于无所适从，感到不安和困惑。就算在没有选择的情况下，我们也不妨憧憬一下面向未来的学校究竟是怎样的？

目前，国内外一些创新教育的先行者已提出了建设未来学校的大胆想象，为未来学校的教育改革提供了美好的蓝图和方向。

对未来学校的大胆畅想

"斯坦福2025"彻底颠覆了对大学的认知

2014年，斯坦福大学设计学院启动了一项名为"斯坦福2025"的计划，由设计学院团队主导，数百名富有洞察力和创造力的大学教授、行政人员和学生等广泛参与合作，进行了一次关于未来大学的探索。

"斯坦福2025"计划提出了四个核心概念，颠覆了传统高等教育的制度模式。

第一个概念：开环大学（Open Loop University）

传统大学与开环大学的对比

不同于传统大学相对固定的学制，在开环大学，学生可以选择任意6年时间进行学习，在这段时间还可以按照个人需求和时间的安排任意间断和自由组合。开环大学计划让"在校学习"到"社会工作"这条传统道路与个人生活之间的界限消匿。在目前的大学教育体制下，学生的求学道路大多始于学校，学习掌握了一定知识才进入社会工作。但在未来，人们到大学学习的道路也许先始于现实世界，待积累了一定经验，知道了自己喜欢做什么、需要补充什么知识技能后再"回炉"到学校深造。这一设计也表明，课堂内的学术知识与真实世界的实用知识技能同等重要。

开环大学开放式的学制打破了传统大学对学生入学年龄的限制。传统大学本科学生年龄一般在18~22岁，而开环大学不再限制入学年龄，青少年、职场人士甚至老年人都可以进入开环大学学习，真正践行大学为终身学习服务的理念。

第二个概念：自定节奏教育（Paced Education）

传统的四年制本科教育，不管学习进度如何，学生均被划分到大一、大二、大三、大四这四个年级。而"自定节奏教育"提出了全新的三个阶段的学习制度，即调整（Calibrate）、提升（Elevate）和启动（Activate），打破了传统的四年制结构化教育。

大一、大二、大三、大四　　　　　　调整—提升—启动

传统年级设置与自定节奏教育阶段的不同

调整阶段让学生广泛尝试各个学习科目，直至找到自己感兴趣的领域再进入下一阶段学习。

提升阶段让学生找到自己感兴趣的领域后，便可对该领域进行深度的学习和研究。提升阶段非常注重专业知识的系统性和严谨性，让学生掌握了深厚的专业知识再进入下一阶段学习。

启动阶段让学生将其掌握的知识和技能应用于真实场景，通过企业实习服务和研究项目实习等途径，实操并迭代自己所学的专业知识，探索职业发展道路。

第三个概念：轴心翻转（Axis Flip）

在"斯坦福2025"计划中，大学教育的重心从"传授知识"转移到"培养能力"上，培养学生的技能成为学校教育的基础。

一方面，"轴心翻转"概念改变了传统大学以学科知识作为院系划分的依据方式，转而以技能作为划分标准，传统院系的架构被重新构建。教学中心（Teaching hubs）围绕技能而非学科实施教学，每个教学中心由一位院长管理和监督，鼓励不同学科的老师彼此合作，传授知识。

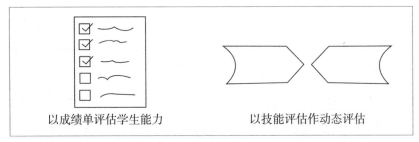

以成绩单评估学生能力　　　　以技能评估作动态评估

传统院系划分与轴心翻转重心的改变

另一方面，"轴心翻转"概念改变了传统教育以成绩来评估学生能力的方式，代之以技能评估工具（Skill-prints）。这种工具可以动态地测试、评估学生掌握的各种知识和技能水平，让雇主看到学生的真实潜力和价值。

第四个概念：使命性学习（Purpose Learning）

使命性学习要求学生先认清学习的使命和目的，将对专业知识的学习与作为内在动力的目标使命结合起来。比如，"我是生物学专业"被"我正在学习生物学以消除世界饥饿"所取代。使命性学习旨在帮助学生选择对人类社会有意义、有价值的课程，为其职业生涯指引方向，从中获得学习和研究的持久动力。

通过使命性学习，学生不仅可以按照自己的兴趣和喜好，从个人层面认识学习的意义和价值，而且可以从更宏大的层面思考如何参与全球和地区重大问题的研究。

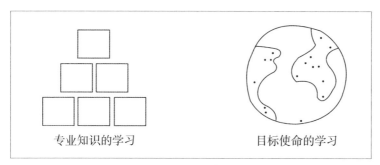

专业知识的学习　　　　　　　目标使命的学习

传统学习方式与使命性学习方式的区别

　　"斯坦福2025"是一项关于未来教育改革的创新畅想计划，其目标新颖、宏大，实施起来难度很大且需要较长时间。然而，敢想才有机会改变，它的出现给高校改革带来了全新的思路，引发了人们对未来教育的无限思考。此外，令人振奋的是，目前国内和国际上已有一些学校开始尝试将面向未来的教育改革付诸实践。我走访数十所全球顶尖学府以及与大量走在创新教育前沿的教育工作者对话后，发现这些教育领航者们对于学校如何培养面向未来的人才都有一些共性的认识和值得借鉴的实践探索经验。我期待，假以时日一定能走出多条教育改革的新路。

打造不一样的课程

让学生的时间不再被课程填满

　　不仅是家庭教育，在学校教育里给学生适当"留白"也同样十分重要。目前，学校教育普遍存在用课程把学生的时间填满的情况，学生很可能在这种"填鸭式"的教学重压下，没有了自我探索的空间和时间去发掘自己的兴趣与激情所在，导致一些学生走出校门便对就业方向感到困惑迷惘。那些"虚拟的充实"磨平了少年时的棱角，消磨了支撑他们在漫漫人生路前行的雄心壮志和动力。

美国卡内基·梅隆大学电机系曾经在1995年至2000年对过去毕业的学生进行了一次全面系统的跟踪调查。他们研究发现，在学校选修专业课程越多的学生，走向社会后取得的成就越小，这一结果令不少人大吃一惊。该项调查研究促使卡内基·梅隆大学把讲授课程从40门减到了32门（每学期平均4门课），麻省理工学院甚至允许学生修完30门课程就毕业。

对这一发现，清华大学钱学森力学班首席教授郑泉水表示深有同感。他一方面努力帮助学生找到学习的动力与激情，另一方面一旦发现学生的眼睛开始发亮、拼命往前冲、想要飞的时候便主动帮助学生卸载减负。郑泉水教授认为，目前大学开设的课程往往是教育部门和院系为学生设置的，其中有些课程学生可能一辈子都用不上。他决定把学生的课程总学分从178分降到148分，每个学期只安排3门核心课程，赋予学生更多时间去学习和研究自己感兴趣的学科知识或研究项目。他鼓励学生每学期精学一门课程，把知识学精、学深，就可以找到有效学习的方法，达到一种境界，并获得自信，进而促使他们举一反三、触类旁通，进入其他专业领域。

不仅高等学校的教授有类似发现，在中学也有如此做法。国内越来越多的知名学校开始做"减法"，删减了一些课堂教学课程。

我的母校——位于广州的华南师范大学附属中学创办至今已有130年，是广东省历年高考成绩最好的中学之一。这些年，华附做的就是压缩课堂教学的科目和时间，增加综合类、实践类课程的时长，让学生在七分之一的教学时间内有一定的自主选择权。姚训琪校长认为，不能用发展经济的思维去办教育。发展经济追求的是效率和产出，但学校教育不能过分看重分数和考上大学的人数与比例，而是要遵循教育规律和人的成长规律。

在中国台湾，著名的建国中学也刻意不把学生的时间填满，让他们有更多的自主时间去把握学习节奏，寻找自己的兴趣和发展方向。学校每个星期会安排半天时间由学生自主掌握；每个年级有近一百名学生有一门或几门课程经申请批准后免修。徐建国认为，每个学生有自己学习的特长、方法和进度，老师应拥抱更个性化的教育，没必要强求所有学生齐头并进。

正如爱因斯坦所说："现代的教学方法，竟然还没有把研究问题的神圣好奇心完全扼杀掉，真可以说是一个奇迹；因为这株脆弱的幼苗，除了需要鼓励以外，主要需要自由；要是没有自由，它不可避免地会夭折。"绝大多数教育领航者都不约而同地把留给学生自由发展的时间作为培养创造力和发展健全人格的秘籍。

科学与人文的结合方是主旋律

在当代现实生活中遇到的问题几乎都需要运用跨学科的知识去解决，目前国内外一些学校围绕培养学生的能力这条主线，按照主题整合各学科知识，而不仅是按照传统学科划分课程设置。

我的本科母校斯坦福大学的校长马克·特榭-勒温坚信，21世纪的主旋律是将科学技术知识和来自人文、艺术与社会科学的洞见结合在一起，从而让科学和技术更加以人为本且更有价值。要想让

打造不一样的课程

科技创新取得重大进步，需要多学科背景的专家与教授一起开展深度的跨学科互动。斯坦福大学一直以打破学科障碍作为自己的使命，在促进不同学科的合作中摸索出了一套行之有效的方法。比如，设计建造一座教学和科研大楼，让来自不同学科的教师和学生汇集一起，增加彼此探讨交流的机会。除此以外，学校还提供一些研究经费的资助计划，要求来自不同学科的教师协作完成，在校园里营造出跨学科团队合作的文化氛围。

特榭-勒温校长告诉我，斯坦福大学希望传授给学生的能力包括：创造性表达、批判性思维、定量推理、科学分析以及处理多种问题的能力。斯坦福大学开设的课程均围绕这些能力来设计，为此，学校设立专门委员会对课程设置进行审查，检查拟设置的课程是否有利于培养学生的核心能力，把课程设置和培养技能结合起来。

特榭-勒温校长自己的学术研究之路就是一段充满科学与人文交叉碰撞的奇妙之旅。他先在加拿大麦吉尔大学学习物理，而后去了英国牛津大学学习哲学和生理学，最终成为生物科技领域的神经学专家。他认为哲学教会了他如何思考，对他一生所做的事情影响颇深，包括他在科学上所获取的成就。而他在物理和生理学方面所接受的训练又将他引向了神经科学的研究道路。每一个不同领域的学习对他后来的事业发展都大有裨益，这使他认识到把人文精神和知识融入科学，以及进行跨学科合作、多元化学习的重要性，于是他在任斯坦福大学校长期间，以极大的热情去推行科学与人文精神融合，发展多学科交叉教学和研究的计划，让斯坦福大学的学生受益于跨越文理各科宽泛的教育。特榭-勒温希望引导学生积极拥抱世界将要发生的巨变，拥有跨越多学科领域的知识和技能，更好地把握未来的机会。

当我们考察近代以来人类重大的科学发明创造会发现，那些载入历史的"高光时刻"，其实都是打破了原有知识体系而迸发耀世的。当前我们正在经历的这套强调统一化、标准化的教育体系以及严格细分各学科知识的教学方式，能否支持人类社会后续重大科技的发明创新，值得反省深思。

着力打造多元人文环境

在与多位领航者深入交谈中，我发现"多样性"是他们不断提及与强调的概念。一个群体如果拥有在思维方式、文化背景、专业技能和处理问题方式等多方面迥异的成员，就能更好地利用跨学科领域的知识和视角，去解决当今社会发展面临的各种复杂且未知的问题。耶鲁大学校长苏必德在接受我的采访时提出，当今世界需要那些来自全球各地、拥有不同思维视角的领导者，否则就无法在全球化的今天进行有效领导。

在当今这样一个信息爆炸、社交媒体泛滥的时代，如何辨别信息的真伪，不再以非黑即白的绝对化、极端化的思维方式去看待和处理错综复杂的政治、经济与社会问题？如何分辨谁是用事实和数据说话，谁是在不择手段地欺骗诱导？苏必德认为，大学最重要的任务就是把学生培养成为审慎的批判性思考者。

社交媒体往往让想法相似的人们聚在一起，助长了彼此讽刺对骂、非黑即白的认知方式，让不少年轻人片面认为，不赞同自己观点的人就不是朋友，不能在求同存异的基础上看到对方的优点或认真看待对方观点中值得思考的地方。而网络和大数据技术的飞速发展使算法能够根据人们的喜好而把相关资讯持续地推送到媒体端，使人们的视野进一步狭窄化。与此同时，我们又每天经受新闻媒体和社交媒体各种各样信息的狂轰滥炸。身处这一环境的青少年学生怎样才能做到善于听取各种不同观点，敢于质疑，保持独立思考的习惯，确实值得广大教育者和每个社会成员深思。

耶鲁大学校长苏必德认为高等教育可以这样发挥积极作用，一是敞开校门接纳来自世界各地的学生，吸引来自不同文化背景、经济背景和具有不同思维方式的学生，创建多样化的校园，把大学打造成一个包容的"家"。

二是时常邀请持不同观点的人到校园与学生分享各自的研究成果，让拥有不同观点的教授合作教同一门课，向学生展示不同学术思想和观点的碰撞。这和现代北京大学的缔造者、北京大学前校长蔡元培提出的八字办学方针——"思想自由、兼容并包"如出一辙。蔡元培在聘请老师时，只问学问、能力，不问主义、派别，包容和吸纳持有不同观点的人才，开创了北京大学大师云集的时代。

三是鼓励学生多参与各种具有挑战性的对话、讨论或辩论活动，教会学生勇于和善于表达自己的思想观点，同时又能宽容与己不同的思想观点。让学生明白高水准的辩论不是互相侮辱、对骂，而是能够准确清晰地表达自己的观点，抱着开放包容的心态理解对方，善于收集分析各种信息以做出自己的判断，并基于事实数据和逻辑去反驳自己认为不正确的观点。

让学生在青少年时代便体验多元思想文化的碰撞，接触来自不同国家、民族、宗教、家庭背景的同伴，有利于培养他们的批判性思维，引导他们从不同的视角去思考问题，学会如何与各种人打交道、交朋友，而且富有同理心，这对他们一生的事业和生活都能带来积极的影响。

课程要扎根中国，面向世界

全球化的发展让世界变成了地球村。跨国界、跨文化的合作交流日益频繁，人类共同面临的许多重大挑战，如气候变暖、新冠肺炎疫情、能源与安全等，都需要全球协作，共同应对。

因此，越来越多的家长和学校都希望孩子在成长过程中能够把世界不同文化的精华兼收并蓄，既扎根于中国文化，又具有国际视野和宽广胸怀，以及国际交往的知识和能力，为将来参与国际合作与竞争奠定良好基础。

清华大学提出，全球胜任力应该成为高校教育重要的培养目标。该校苏世民书院院长薛澜向我解释，全球胜任力指在国际与多元文化环境中有效学习、工作和与人相处的能力。

基于全球胜任力的培养，苏世民书院的课堂教学有三大核心内容：一是领导力；二是中国的历史、文化和发展现状；三是全球事务，包括当前全球面临的主要问题和挑战。这样，可以让来自世界各国的同学分享不同的政策措施在不同国家、地区开展的方式和效果，了解其他国家的发展历史中有什么值得学习借鉴之处。在采访过程中，苏世民书院的学生给我描述了一个场景，在一个关于气候变化的课堂上，学生听取了伦敦政治经济学院的教授对《巴黎协定》的看法，之后由来自美国的学生分享他们对美国退出《巴黎协定》的思考，然后他们又可以与受到气候变化影响的来自南美洲的

打造不一样的课程

学生进行讨论，与来自非洲的学生交谈，从而了解南美洲和非洲的学生如何看待应对气候变化与人类生存发展之间的关系。通过这样的交流讨论，不同国家和地区的学生们彼此加深了对解决气候变化问题的认知与体悟。

目前苏世民书院80%的学生分别来自全球数十个国家，剩余的20%是中国学生。每年开学前，书院会分析学生国籍、教育及家庭背景，尽量避免将相似背景的学生分配在同一宿舍，有意识地引导不同文化背景的学生平时多沟通交流，迈出相互理解和融合沟通的第一步。一年的研究生住宿生活让学生们在坦诚交流中互相熟悉了解，建立友情信任，在此基础上，书院学生常常自发组织活动，分享各自的观点和经历，加深来自不同国家学生彼此间的了解，并将书院建设成为学生们平等对话和自由交流的平台。薛澜希望苏世民书院能够成为一个终身学习的项目，学生毕业后还可以通过各种途径彼此联系，共同成长。书院期望这些学生日后在全球事务中成为中西方沟通的桥梁，帮助中国在参与全球治理国际事务合作及各种国际规则的制定中发挥更大的作用。

在基础教育阶段，有些民办学校和国际学校也对如何融汇中西文化做了积极的探索。他们欣喜地发现，"鱼与熊掌"可以兼得。2003年创立的香港弘立书院可以说是创新基础教育的一个

中国
—中国核心课程
—中国社会调查
—语言课程
—七门选修课程
—论文

领导力
—五门领导力核心课程
—六门领导力实践系列课程
—选修课程
—全球领导力实践讲座

全球事务
—全球事务核心课程
—选修课程

苏世民书院的核心教学内容

典范，该书院的办校旨意在于培养扎根中国文化同时又具有国际视野的学生，是一所运用国际学校的体验式教学、兴趣式教学模式去讲授中文和中国文化的学校。弘立书院校长查永茂（Malcolm Pritchard）是一位能说一口流利普通话的澳大利亚人，他和书院创始人黄惠君一起在中英文并重的教育上已探索多年。查永茂认为，学好某种语言并不在于花费的时间，而是要让学生真正对所学的知识感兴趣，双语教育的关键在于激发学生的学习兴趣，而不仅仅是用什么语言来教。如果学生只把学习某种语言当作目标，那只是学到了语言的皮毛而已。只有学生把某种语言当作一种学习工具用于认知和感受世界，才能真正掌握这门语言的生命力，学习效果自然会好得多。例如，学校让学生们在练武术的时候背诵一些中国古诗词，因为根据一些专家的研究，记忆与肌肉运动相结合能增强学习效果。同时，学校力求让学生从两种文化的比较中学习。比如数学，学生在用中文讲授的数学课上可以学习更多的计算内容，而在用英文讲授的数学课中则可以更多地学习概念知识，这样就能在教学中充分发挥两种语言的优势，相得益彰。

此外，位于上海的包玉刚实验学校也是融汇中西文化开展创新型基础教育探索的一个标杆。这所私立双语民办学校创立之初的想法是给中国的基础教育融入新的理念和模式，它郑重地立下了三条使命：发展全人教育、传承中华文化以及拓展国际视野。这所学校的教学体系力求做到融汇中西文化，而不是简单地在本地课程之上添加一些国际语言的课程。他们采用一套叫"上海+"的课程设置思路，基础课程与上海公立学校一致，但采取国际化的教学模式。学校创办人包文骏举了一个例子，比如说，"水"这个单元，包括

打造不一样的课程

自然科学、地理知识以及历史的发展等，把几方面知识融汇整合，帮助学生通过学习跨学科的知识形成对水的全面认知。包校并不简单地按照学科去划分中英文教学内容，而是在同一个主题下，由中英文老师共同备课去传授知识，但各自关注的侧重点不同。中英文老师一起讨论设计课程的全过程，是一种双语浸入式的教学体验。包校的办学理念跟弘立书院相似，就是把语言看作工具，不管是用中文还是英文教学，其目的都是激发学生的学习兴趣。只要摁下了"兴趣"这个启动键，学生学习的积极性和韧劲就会大不一样。

利用在线教育打造跨越时空的教室

正在蓬勃兴起的在线教育，可以成为提供个性化教学的工具，赋能老师的教学和学生的学习，成为校园之外汲取知识的有效补充。这些年，国内外逐渐出现OMO（Online Merge Offline）教学新模式，一种结合线上和线下进行教与学的平台模式。这种新的教学模式有什么特点和优势呢？

第一，在线教育突破了地域限制和本地教师资源的局限，能够将全国乃至全球最好的教学资源整合，让原来遥不可及的名师变得触手可及，使很多高质量的课程资源可以从互联网上获取，使获得知识的门槛更低、更方便，也让优质教育资源变得更加普惠。名校名师讲授的高质量课程同步传输到师资资源相对贫乏的边远地区，可以大面积、大幅度地提升教学质量。

第二，在线教育使学校教育本身更加个性化。传统教学模式停留在一个老师同时教四五十个学生的模式上，而大数据、人工智能、5G、增强现实和虚拟现实等技术，可以助力教学大幅度提升效率，借助互联网实现学生学习的高效化、智能化和个性化。人工智能可以通过交互式反馈，检测学生的学习进度，帮助学生学得更多更快，同时又能为学生提供个性化的辅导帮助。人工智能还可以通过大数据对学生提出的问题和做错的习题归纳分析，让老师在教学中有针对性地帮助学生解决这些问题。这样，就能实现个性化的教学，并帮助老师减少工作负担，改进教学思路，助力教师从过去注重在课堂里教了什么，转变为现在更多关注学生在课堂学到了什么，体现以学生为本的教学理念。

在线青少儿英语品牌VIPKID充分利用了大数据和人工智能技术，其创始人米雯娟看到中国有数以亿计的学生人群，而承担课外补习的外教质量却良莠不齐。怎样才能找到优秀的外教呢？米雯娟敏锐地意识到互联网平台有可能解决这个传统英语培训行业长期的软肋，于是创立了VIPKID，把身处外国的外教资源与身处中国的孩子通过网络联系起来。

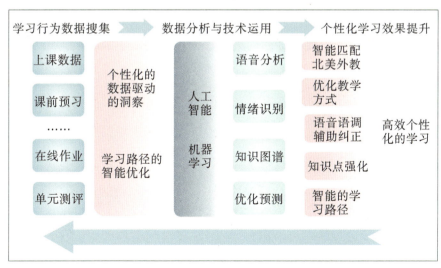

VIPKID 教育与技术的深度融合模式

VIPKID设计了一套教学评测体系帮助家长和老师确定孩子的起始水平, 进而为他们设计个性化的学习内容和方法, 让学习更有针对性、更有效率。学生每次在课前预习、课中教学、课后复习以及作业和答题测评等环节都会产生大量数据。在对这些数据统计分析后, 后台系统会自动生成针对每个学生的量化学习报告和个性化学习图谱, 提供给学生、老师和家长参考。同时, 系统通过语音识别、人脸识别等技术对外教的讲话速度与节奏, 以及手势的使用频次和是否使用教具等数据进行收集分析, 构建出外教教学能力图谱, 从而帮助外教有针对性地优化自己的教学方法, 不断提高教学质量。VIPKID经过数据的收集、整合、分析, 为每个学生匹配最适合的老师, 真正实现大规模的个性化教育。

而另一个在线教育平台edX的创始人阿南特·阿格瓦尔(Anant Agarwal), 则从知名高校教学起步, 探索如何把线上、线下教育充分融合。2012年阿格瓦尔在哈佛大学和麻省理工学院的支持下创办了edX。该在线教育平台致力于为全球坚持终身学习以及希望实现职业转型的人们提供优质的免费课程。阿格瓦尔因此成为第二届"一丹教育发展奖"的获得者。

edX还在线上推出了微硕士学位, 每个微硕士学位的课程量大约为传统硕士学位的25%。对有些人来说, 这些知识已经足够, 而另一些人更可以把它视为起点, 进一步攻读全部的硕士学位课程。根据edX的调查, 91%完成微硕士课程的学员所获得的证书能够为他们带来职业上更好的发展, 有些加薪, 有些升职, 有些走上了管理工作岗位。目前, 与edX合作的许多全球著名大学都认可了edX的微硕士课程, 承认其在线教育的学分。

edX同时对大学本科学位开展模块化教学。学生有机会学习不同高校的优势课程，上什么课程可以由学生自己选修，所得学分可进行模块化组合，最后获取一个由不同大学以及线上与线下教学结合所组成的学位，让大学教育不再局限于同一所学校。阿格瓦尔兴奋地将模块化教学比喻为"乐高教育"，"它就像乐高积木那样，美妙之处在于可以让学生按需要和意愿任意组合，获得想要的知识和学位"。

许多人担心线上教育无法弥补学生在校园的体验，但阿格瓦尔认为，线上教育和线下教育应专注于各自的长处去开展。未来学生进入大学校园之前，可能已经完成了一年的edX在线课程，学生可以直接获得相应大学的学分，再到校园里体验一两年校园生活，并进一步对若干专业知识做系统深入地学习。同时，他们还能与其他学生和老师面对面地交流讨论，开展一些科研合作项目，探索艺术创作等。学生在获得正式大学学位之前，还可以实习或工作一段时间，同时在网上继续学习，直至获得学位。

教育的未来将是一种把线上和线下、学习与实践融为一体的终身教育，人们已经欣喜观看到这一雏形显现。

不再用单一标准衡量学生的能力水平

个性化教育是未来教育的发展方向，它要求在教学目标上做出改变。从古到今，从家长、老师再到社会政策的制定者，都希望能够培养出优秀人才。但原有教育体系下的"优秀"往往指的是一种应考能力，制约甚至阻碍了不同类型人才的发展途径，其内涵确实需要拓宽，并变革其评价体系。

"不能以爬树的本领去判断一条鱼的能力"

我在与走在中国教育改革前沿的教育家、南方科技大学创始校长朱清时访谈对话时，他用爱因斯坦的一段话解释自己的教育理念："每个人都是天才，但是如果你以爬树的本领来判断一条鱼的能力，那它终其一生都会以为自己是个笨蛋。"

清华大学钱学森力学班首席教授郑泉水和朱清时一样，也喜欢引用爱因斯坦这段话。郑泉水笑说，他所带的钱学森力学班就像是一个动物园，学生里面有猴子，有鱼，也有大象。他认为"爬树"反映的只是学生多元能力的其中一种而已，与学习成绩好坏相对应的不一定是研究能力的高低。即便如此，清华大学毕业生中可能也只有不到10%的学生毕业后去做研究，那凭什么说剩下90%的学生就不优秀呢？这样的评价体系带来的问题会使大批学生感到迷茫，缺乏自信，而那些颇有某种天赋的天才、怪才、鬼才就很难在这个体系里得到发展。学校给传统学霸设立的标准与到了社会工作和从事科研发明创造所需要的能力并不十分匹配。

而且，这不仅仅牵涉到能力，如果学生的梦想是要成为大象，他遗传的

根据爱因斯坦名言改编的漫画（图源：网络）

基因可能是大象，可你却硬要他去爬树，那不是很悲哀吗？郑泉水希望学校可以因材施教，按照学生的个性特点去传授知识、培养能力，学生内心想长成什么样子，就顺势而为引导并帮助学生朝那个方向去发展。

用五维评价体系挑选学生更精准

郑泉水下决心在钱学森力学班进行探索，改变只用考试成绩这一元化的标准来衡量选择学生的方式，突破这种束缚学生多方面能力发展的教学体制。2017年，钱学森力学班针对高中生开展一次为期4天的冬令营活动，这给郑泉水留下了深刻印象。那次冬令营活动，清华大学规定有5个钱学森力学班的名额可以直接从中招生。郑泉水组织了一个由老师、企业家、政府官员组成的二十多人的评选委员会，不以平时作业和考试成绩作为录取条件，而是精心设计了一套全新的评价体系去挑选学生，按照内生动力、开放性、勇气与毅力、智慧和领导力5个维度对冬令营学生进行考核。那次冬令营活动大概有1500名由全国各地中学推荐的优秀学生报名参加。令他吃惊的是，最后评选委员会成员的评分排名几乎一致：前5名全是高二的学生，没有高三的学生。从中可见高三那一年"狂轰滥炸式"的应试备考对学生的激情和创新精神摧残得多厉害。后来钱学森力学班毕业生的成绩和按这个五维标准选拔出来的学生的成绩排名高度吻合，而跟高考成绩没有多大关系。这验证了现实中最拔尖的那批学生和按照钱学森力学班评价体系挑选出来的那批学生极其一致。

教育的目的是培养人具有多方面能力。既然要求学生全面发展，就该用多元化的标准去衡量学生的能力水平，从招生起端就应该多视角、全方位地考查学生的知识水平和潜在能力，而不能是一考定终身，分数决高下。

清华大学钱学森力学班五维评价体系

教学方式要点燃学生心中那把火

郑泉水在清华大学任教近三十年，对应试教育所造成的"后遗症"感受深刻。他很痛心，这批经千挑百选的优秀学生进入清华大学后，上课时老师提出问题居然没人应答，学生只关注自己的考试成绩和排名，课堂氛围整体沉闷。虽然一些学生内心有梦想的火种，却没有被点燃。现在高校学生普遍只对考试成绩、排名、升学这些短期目标高度关注，而忽视了学习的长期目标。即使在清华大学，仍有70%的学生感到困惑迷茫，不知道自己将来想做什么。

用大问题和宽松环境激发学生的潜能

究竟怎样才能帮助学生找到学习的兴趣所在呢？郑泉水发现，钱学森力学班这批学生有天赋、有梦想，但所关注的往往是小问题，很难被点燃激情。于是，郑泉水做了一个尝试。他是结构超滑技术（即固体表面之间实现零摩擦、零磨损）领域的专家，深知这项技术有巨大的应用前景。同时这一研究领域需要运用多学科知识，当时，博士生们担心这项研究过于复杂，会影响自己的毕业时间，不敢接这个课题。于是郑泉水找了一个钱学森力学班大一的学生来做研究，结果那个学生觉得这个课题好玩，没有什么思想负担，他有勇气尝试，最后竟然做成了世界上第一个几乎没有损耗且比现有机器效率高一千倍的微型发电机。郑泉水从中深受启发，看来老师最重要的工作是提出一些重大课题，激发学生学习和研究的热情，让学生接触各类前沿课题和科学技术。为此，钱学森力学班专门设立了一个委员会来挑选重大课题交给学生去研究。他认为，只有交给学生的课题有足够的挑战性，就能点燃他们内心的激情，激发他们的兴趣并充分发挥他们的潜能。

清华大学钱学森力学班三个核心内容

教学方式要点燃学生心中那把火

大四
高阶：SURF

大三
中阶：ORIC

大一、大二
入门和初阶：X-idea, ESRT

·不限学科、全球导师

·ORIC(1年，8学分)
·自主/创意
·不限学科、全球导师

·SURF(6~9个月)
·全球顶尖大学/企业导师
·基本落实去向
·鼓励提前毕业答辩
·鼓励进修研究生课程

X-ieda:科学技术重大创新挑战性问题（2019 —）=顶尖学生-优秀导师-Crazy Ideas
ESRT:增强版学生研究训练（2014—）=Enhanced Student Research Training
ORIC:开放自主挑战性创新研究（2014—）=Open Research for Innovation Challenges
SURF:高年级本科生研究员实习（2012—）=Senior Undergraduate Research Fellowship

清华大学钱学森力学班进阶式研究学习体系

曾经有一个在钱学森力学班很失意的学生，他很聪明，但大学三年仍没找到感兴趣的学术方向。于是他晚上玩游戏，白天起不来床，郑泉水一度怀疑自己"点不燃"这个学生，差点放弃了他。钱学森力学班有一项计划，就是组织大四学生去世界顶尖的大学或研究机构访问学习半年，这个学生当时选择去华为。令人惊喜的是，在华为遇到的研究课题一下点燃了这个学生的激情，使他迅速进入了状态，他从不同角度切入课题研究，结果这个本科生仅用半年时间就解决了一群在华为工作很长时间的博士都未能突破的大问题。实习结束，这名学生直接被华为聘用。

这个学生的成功案例让郑泉水再度反思培养学生的方式。此后，他对学生的管控"放得更松了"。只要没到学校要求学生退学的程度，学生也能说得出来自己正在干什么，并对自己有信心，依然在寻找自己感兴趣的课题，郑泉水就让学生继续去做自己想干的事，采取静待花开的态度。他认为，能帮助学生找到自己想干什么，是教育的本质和最重要的事情。知道自己想干什么，对自己充满自信，这样的学生走出校门后更容易找到人生的意义与价值，在事业上有所作为，更能对社会做出贡献。

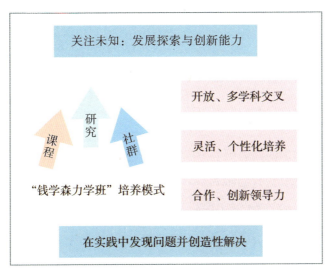

清华大学钱学森力学班的创新型人才培养模式

在郑泉水的心目中，学生光有一腔热血是不够的，学校要给他们匹配优质的资源，引入不同系甚至是不同学校的优秀老师去辅导和带领学生做科研项目，另外，还需要找到与学生兴趣特质匹配的导师。只有这样才能帮助学生激发他们的潜能，找到自己想干的事业。

给学生提供培养发展兴趣的土壤

在中学阶段，学校又该怎样帮助学生找到自己想走的方向呢？香港K12创新学校弘立书院为了让学生接触面更广，视野更开阔，在传统课程以外创建了书院项目，鼓励学生跟随资深学者对感兴趣的领域进行深入探究。学校先让学生自己提出各种感兴趣的研究课题和项目，然后配备一位专业老师提供指导，创造条件帮助学生发现和发展自己的兴趣。该校先后开设了近百个不同的书院项目，如文言文、拉丁文、基因检测、软件编程和机器人、城市规划等，给学生更多的资源和空间去接触不同的领域，运用所学过的多学科知识开展项目研究，并进一步深入学习专业知识。此外，学校还组织学生参加成人的国际会议和比赛，让学生与海内外专家、学者同台交流。

在人们的固有思维中，总觉得中小学生的知识、能力和能做的事情有限单一。弘立书院对此不认同。他们认为中小学生可以从更单纯的出发点及全新的角度去看世界，往往能带来许多惊人的发现。该校曾有一个中学生解决了一群博士后都没有想到的科研课题；还有一个学生发现一匹因体重过轻而被迫退役的赛马体内肠道微生物出现了问题，并尝试给这匹病马做手术，将一些微生物从健康的马的身上转移到病马肠道内，成功地把这匹病马治好了；还有学生写的论文在国际期刊上发表；等等。

这些经历既增加了学生的自信，也让学生认识了解了真实世界的需求，从而意识到自己的学习研究是有意义的，培养了学生的好奇心和求知欲，给予学生超越学校的更广阔的视野和天地。这样做绝不只是为了在竞赛中取得成绩，更不是采取强迫式的学习重压所能奏效的，而是基于学生的兴趣潜质而顺势引导，使之水到渠成。

老师角色从传授知识转变为辅导和陪伴

孩子平均每天在学校度过8~10个小时，比在家里待的时间长多了。因此孩子在成长期受老师的影响非常之大。培养孩子，首先应从培养老师做起。著名哲学家卡尔·雅斯贝尔斯（Karl Jaspers）在他的《什么是教育》中说："教育是一棵树摇动一棵树，一朵云推动一朵云，一个灵魂唤醒一个灵魂。"这番话道出了教育本质上是一种感染行为，它在情感、性格和综合素质上对孩子的影响，需要在人与人的互动中完成，学生喜欢老师才能更好地跟随老师学习。好的老师对学生的一生成长具有不可磨灭的影响。

全面关心学生成长，而不仅是传授知识

徐扬生是香港中文大学（深圳校区）的校长，他致力于在潜移默化中引导学生发展。我采访他时，看到他的书桌上摆着一沓沓学生档案，有空他就会翻来看看，他对许多学生的名字、样貌、来自哪里、什么中学毕业，甚至喜欢什么都了如指掌。徐校长就像孩子们的大家长，某个学生受伤骨折了，他会给该学生介绍医生；就连一个学生没考好，他也会及时予以关注。平时，他喜欢去食堂跟学生们一起吃饭，甚至请学生到自己家里给他们做饭吃。他还常常跟学生一起爬山、打羽毛球等。他亲自设计了学校新图书馆的内部装修布局，整个校园随处可见他的书法、诗词以及和学生们一起完成的画作，在校园营造浓厚的文化氛围，以熏陶培养学生的文化素养。他每年都亲笔写信给录取的学生和未被录取的学生，给予他们鼓励，告诉他们人要在顺境和逆境中成长，锻炼出一种历经磨难也

要坚持走下去的定力。

徐校长平易近人，乐意与学生和家长直接进行交流。他和学生打招呼的方式就是"加个微信吧"，他还会通过微信朋友圈关注学生的动向。有一次，一个学生在朋友圈发了一条消息："18年，也就这样了。"他马上让老师去了解情况，确保学生一切安好。他笑说，对学生最好的开解方法就是邀请他们跟自己一起爬山，出一身大汗后回到他家，让学生洗个澡，有时再留学生在家吃个饭，多数问题就这样化解了。除此以外，徐校长还经常在微信里与家长交流他们对学校未来发展的想法或建议，以及孩子的需求等。从徐校长的身上，我们可以真切地感受到，只要真诚关心学生的全面发展，与学生建立亦师亦友的关系，便能够更好地从各个方面影响学生。

探索建立适应未来社会的教育体系，学校首先需要配备优秀的教师资源，帮助老师组成社群，共同学习探讨原本不了解的问题和跨学科的知识。未来，一些科目可能没有标准化的答案，热爱学习的老师能够在课堂上传递更多的成长型思维。未来，老师的心态也要转变，不仅要把自己看作是释疑解惑的传授者，而且要进一步看到自己的不足，与学生一起探究学习，一起迭代设计课程，学生看到自己尊敬的老师有时也会犯错，并可以指正老师的错误，这对老师和学生都是一次很好的学习机会。

未来学校的教育不应只重视老师教了什么，更应该关注学生学到了什么，课堂教学要从以老师为中心转向以学生为中心。未来学校衡量老师的能力水平应该从该老师掌握了多少知识转变为该老师如何引导学生学习及提升教学效果，而不只是根据发表多少篇论文来评定老师的职称和晋升。好老师的一个鲜明特点是能够为学生赋能，创设良好的学习环境与条件，善于引导学生思考解决求知问题，并对学生的学习进行评价，有针对性地指导学生的下一轮学习。

在线教育发展起来后，不再需要那么多任课老师，因为在线教育可以让学生去挑选特定领域内在全国乃至全球最好的老师的课程，这就可以把大批老师腾出来转入个性化地指导学生学习。相当多的老师角色将从知识的传授者转变成学生求学的陪伴者、引导者和促进学习者，更重要的是成为学生的人生导师，关心帮助学生全面成长。

把项目制教学作为实施未来教育的突破口

不少教育领域的领航者提出，学校教育不应只停留在校园里，而要与社会需求紧密结合，让学生在实际生活中发现社会需要解决的各种问题，在解决问题的同时回馈社会，实现个人的人生价值。为此，学校教育要让学生在校学习变被动为主动，组织引导学生将书本知识应用于解决实际中遇到的各种问题，通过动手实践对课程内容有更感性和直接的了解，从而激发其学习兴趣和积极性，填平现有教育体系下知识学习、应用与发明创造之间的鸿沟。

从全球走在前沿的教育先行者们的探索和经验来看，项目制教学可能是一个突破口和抓手，以问题为导向组织教与学是教育改革的出路和方向。目前，国际上走在新工科教育前沿的一些高校，包括美国欧林工学院、麻省理工学院媒体实验室、斯坦福设计学院、加州大学伯克利分校设计创新学院等，都开设了很多极富创意的项目制教学课程，让学生深入社会、了解现实需求，设计和制作不拘于某一学科的解决方案，再付诸实践，实现从注重传授知识到关注学生综合能力和性格培养的方向转变。

欧林工学院：美国项目制教学领航者的探索

欧林工学院被公认为是美国高等教育界近几十年来最大胆的工科教育改革试验，几乎完全颠覆了传统的办学模式。它成立于1997年，迄今该校只设立了本科专业，只有三百多名在校学生，其中近一半为女生。欧林工学院的办学理念认为，优秀的工程师就像外科医生一样必须接受大量的实战训练，把工程教育跨学科的理念落实在项目制教学的全过程。该学院首次不按传统专科设置院系，完全打破学科壁垒，只设有工程学、电子及计算机工程，以及机械工程三个主修的本科学位，但可以让学生灵活挑选专注的领域，比如工程+生物工程、工程+机器人、工程+设计等。学生可以根据个人兴趣在老师的指导下设计自己的主修专业和学习计划，超过三分之一

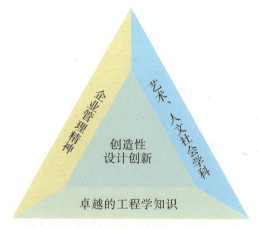

"欧林三角"教育方针

的学生选择这样做。该学院百分之七八十的课程都以项目制学习的方式进行，课程围绕培养学生的技能去设计。学生在校学习四年中不仅要上选修的课程，还要完成二三十个项目，而且很多学生还尝试创办公司。学生在项目研究中不仅可以掌握基本的概念和理论，还可以联系实际，提升知识能力、创新设计能力、工程设计能力和团队合作能力等。

欧林工学院致力于帮助学生建立起工程与现实世界的联系。该学院老师认为，应该尽快而不是等学生学习两年理论之后，还没有真正接触过真实的东西。欧林工学院的创校校长理查德·米勒（Richard Miller）有句话说得很好："工程师是不断创造新事物的人，并且无论如何也要达到目标。"该学院要求学生必须参加一门设计思维课。在这门课程的学习中，学生以小组的形式合作，基于对用户的调查研究，自己发现问题，创造一种新产品或新服务。例如，学生需要用大约6周的时间建立一个模型，改善某种防护设备的使用性能，这就需要学生和生产线上的装配工、医护人员、消防员和护林员等一起合作设计。再例如，剖析一个关于在雪橇比赛中一名女子死亡的案例。学生团队要分析出现事故的原因，提出解决方案，包括重新设计比赛或改进雪橇里的刹车系统及人们所系的安全带等。欧林工学院开放式项目的重点最后集中体现在大四的毕业设计项目上，由数名学生组成的设计团队用两个学期的时间共同完成一个工业界合作伙伴委托并赞助的研发项目，或设计解决某个现实问题。

在欧林工学院，工科专业知识很重要，但它要从项目制教学中获得，并通过在真实场景下建立适用的知识框架与应用思维去动手

把项目制教学作为实施未来教育的突破口

实践。学生的主要目标不仅是获取知识，还包括解决问题、制作产品或产生新的理解来提升发展自己的技能。当学生在应用环境中学习和运用知识时，他们会理解并记住更多的学习内容。学生通过开展项目研究发展出多种能力，包括批判性思维和解决问题的能力，团队合作与自我管理的能力，快速适应未来社会需求的能力，以及培养勇于尝试、不畏失败的素质。

欧林工学院在学生录取上不唯考试成绩而论，中学的各科成绩只是参加入学面试的一张入场券。在长达几天的面试中，学生会跟老师、学长、学姐组成一个团队，一起尝试解决一些问题。在这个过程中，学校会观察学生怎样思考解决问题，以及动手实践和与人相处沟通的能力。当学生毕业时，他们拿到的不只是一纸成绩单，而是一本清晰记载他们完成所有项目的情况记录，以及他们动手实践的视频，让雇主了解到学生各方面的能力。作为一所崭新的大学，这里毕业生的平均起薪高于麻省理工学院的毕业生，有超过20%的毕业生创业，比例甚至超过斯坦福大学，50%的毕业生选择到著名大学继续深造。多数雇主向学校反馈，"这些毕业生看起来似乎已经有了两三年的工作经验"。

与此同时，老师的授课方式也从灌输知识转为辅助引导学生做科研项目。学院打破了传统的由单个导师培养指导人才的方式，采取团队教学的方式，学生由导师团队共同指导，可从不同导师身上汲取不同的思维方式及科研方法。对老师的评估和考核方式也完全改变，不再以发表论文来考评，而是考查老师如何指导帮助学生做项目，以及是否还在继续为已毕业的学生提供帮扶与指导。

我们看到，欧林工学院创造了一种氛围，重视团队协作而不是个人单打独斗，跨学科学习而不仅是只学某个专业的知识，鼓励学生试错而不是逃避风险，创造新知和新项目而不仅是运用已有的知识，以及靠内在动机而不仅是靠好分数等外在激励作为学习动力。

老师的工作变成把学生从实验室拽出去睡觉

项目制教学也是香港科技大学教授、松山湖机器人基地创始人李泽湘之所以能培养出许多创新型人才的奥秘所在。从占据全球民用无人机市场85%份额的百亿美元市值的大疆，到已略见规模的云鲸智能（中国拖扫地机器人高端品牌）、海柔创新（智能仓储机器人知名品牌）、正浩创新（便携储能领军企业）、希迪智驾（商用车自动驾驶研发公司）、卧安科技（智能家居企业）等多家独角兽或准独角兽企业，松山湖机器人基地创办六年已孵化出六十多家科技企业，再加上从他在香港科技大学的实验室走出来的学生有共近百个可产业化的项目。在此过程中，李泽湘摸索出了一条挖掘培养创新创业人才的道路。

李泽湘原来也采用传统的教学模式，在黑板上板书讲授专业课知识，学生听课做笔记，但学习的积极性普遍不高。不管他多么认真用心地备课，从开学第一周到期末考试出勤学生都会不断减少，使他作为老师的自尊心大受打击，学生也很苦闷。直到李泽湘在香港科技大学开设了机器人比赛这门课，局面才完全倒过来。学生马上变得活跃有激情，没日没夜地在实验室里工作，他作为老师所要做的竟然是经常把学生从实验室拽回宿舍睡觉。这让李泽湘发现，鼓励动手实践的项目制教学具有强大的生命力，是激发学生学习热情的爆发点。大疆创始人汪滔就是被这门机器人比赛课激发学习热情的，从此走上了机器人创业之路。此外，还有一批学生热衷于参加机器人比赛，获得了设计产品的灵感并将其制作出来，毕业后走上了创业之路。李泽湘发现这些创业成功的学生都有一个共同点，就是从小喜欢折腾，动手实操能力很强。于是，李泽湘决定完全改变他的课程设计。

他给学生设计的入学第一课竟然是"玩"。他所开设的课程实验室是一个大开间，里面设有无人机飞行穿越障碍物的实验空间，有制造工业机器人的设备模型、电动船模型、电动轮椅等不同设备模型，还随处摆放着学生设计的各种机器人模型。用李泽湘的话来说，那里简直就像一个玩具城。他在接受我的采访中谈道，现在的学生从小埋头在课室学习，被大量"题海"和作业包围，几乎没怎么玩过。现在学生进入他的专业课，首先要给他们添置各种"玩具"，希望他们在玩中找到自己的兴趣所在，然后再提出自己的科研项目。

李泽湘希望探索出可规模化、以问题为导向、多学科融合、基于项目学习和动手实践的创新型人才培养的模式。他发现在香港科技大学创办的新项目InnoX的首批学生入校仅半年，采用新模式培养的效果让李泽湘和其他老师感到惊讶。学生的学习状态完全改变，没日没夜地在为研发自己的项目努力，并自觉按项目需求自我驱动学习钻研相关学科的知识。

李泽湘在InnoX项目第一个学期只开设了两门课，第一门是设计思维课，这门课研究的不是硬核的科技产品，而是一个关于香港房屋的社会问题。在香港，把一个公寓分隔成若干个小房间分租出去的做法很普遍。这种被叫作"劏房"的小房间，面积一般只有十

项目时间轴

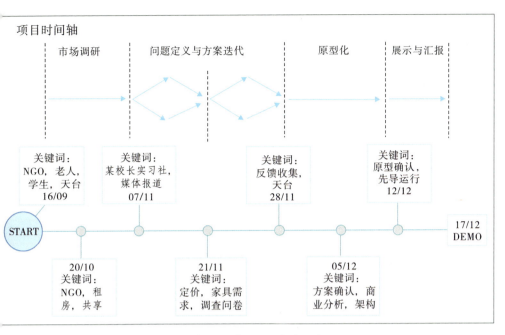

"蚂房"研究项目的时间轴

平方米左右，却要蜗居一家几口人，居住条件十分逼仄。李泽湘让具有工科背景的学生研究社会问题，希望学生通过社会调查发现社会真实存在的问题，了解社会不同群体的需求，并产生同理心，让学生从用户需求出发，提出解决方案然后加以实施。把社会问题定义清楚并加以解决都需要多方面的知识，其中不仅需要社会学、管理学知识，同时也需要工科的思维和技术。他告诉学生，衡量一个工程师的标准，不能只看他是否创造了一个好的科技产品，还要看这个产品能否解决社会问题，让社会或者一部分人群因此受益，改善他们的生活。

第二门是工程基础课。传统的教学模式往往让学生背公式和做习题，而在李泽湘的课堂上，学生通过设计船模去学习整合数学和力学知识，船模下水的表现就是学生的考核成绩。学生在项目制教学中如果遇到弄不懂的问题，老师会适当给学生一些提示，或让学生相互讨论。这样反复几次，学生便知道他们到底需要什么知识以及怎么运用这些知识去解决实际问题，效果显著。

从"育分"到"育人"的转变

其实，很多家长和学校都明白教育创新的重要性，也知道传统教育体系已经无法适应不断变化的社会需求。但在现实中，多数人仍然认为，以项目制教学为基础的创新教育机制与传统的基础教育体系形成的冲突不可调和。在他们看来采用新的创新教育机制意味着要颠覆改变沿用百多年的基础教育体系，导致学生的知识结构不够扎实，影响学生的成绩和升学。因此，要想迈出创新教育这一步，很多家长和学校都感到忧心忡忡，不敢也不愿率先越雷池半步。

在一次与清华大学附属中学校长、清华大学教育研究院基础教育研究所所长王殿军的谈话中，他提出了一个独特的观点，令我眼前一亮，他认为应试教育和培养创新人才可以兼得，并拿出了他十年探索实践的数据支撑这一观点。

在现行教育体系下，中学生学习的动力来自考取高分和考进名牌大学，家长、学校、社会都奔着这个目标而来，让学生在考试指挥棒下拼命地做海量练习题和模拟试题，争取考试得到优异的成绩。王殿军认为，这种教学模式其实对培养创新人才非常不利，学科教育提供的是纵向教育，而培养创新人才还需要横向教育，即把各个学科的知识融会贯通，从综合角度去解决问题。他解释，中国人常常被认为创新能力较弱，这与学生从小学到大学都是孤立地学习单一学科的知识和技能有关，学校缺少对学生跨学科的融会贯通的知识的传授，导致学生缺少举一反三和创新运用多学科知识的能

自主探究
"三走进"课程
标本馆课程
研究性学习
社团建设
高研课程

大师引领
校外导师
学生导师

注重过程
综合评价
项目式学习

全面育人
科普讲座
伦理道德
动手实践
跨学科培养

项目制学习体系的特色

力。王殿军提出，学校应该为学生搭建一个多学科、多视角、以解决实际问题为导向的综合平台，改革原有封闭式的分学科教学的方式，尝试项目制教学的教学方式。

清华大学附属中学（以下简称"清华附中"）在2010年决定尝试使用STEM课程。STEM起源于美国，是科学、技术、工程、数学多学科融合的综合教育，近年来又加入了艺术和阅读。通过十多年探索，清华附中发现可以通过项目制教学、多学科交叉融合的课程设置以及以问题和任务为导向的学习，去激发学生的学习兴趣和热情，调整学习的目标和动机，使学生的创新能力和学习能力得以提升。项目制教学的目的是运用学到的知识提高解决问题的能力，如果学生解决问题的能力通过项目制学习得到提升，那么考试时，当学生遇到没见过的其他习题，就能运用这种研究问题、分析问题的能力，去快速地解答题目，助力学生考试取得较好的成绩。王殿军这些年来一直在努力探索如何才能改善学生的学习动机，做到既能培养学生的创新能力，还可以不影响甚至提高学生的考试成绩，"如果说发展STEM教育的结果是中高考成绩很差，那STEM教育还会有生存空间吗？还有机会发展吗？既然这个东西好，就要显示它的作用"。正在探索的他发现，在清华附中，通过运用项目制教学方法，学生看似天天在"玩"，但因为在"玩"中体验到学习的快乐，从而使学习的自主性、效率以及能力得到大幅提升，学生考试成绩非但没有受影响，反而更好了。过去十年间，清华附中考取清华大学的人数增加了近6倍。

王殿军直言，应试教育不是取得好分数的唯一途径，而且它不够科学，与未来社会发展大趋势对人才和知识的需求不相适应，但它却是目前受多种条件限制而不得不实行的教育方式。以项目制教学为基础的创新教育机制不仅与应试教育不冲突，也符合人才培养和成长规律。他自信地说："开展STEM教育是提高学生成绩行之有效的方式之一，而且没有后遗症，是一举多得的方式。"

清华大学附属中学科技办公室主任谭洪政老师介绍道，以STEM为核心的课程体系贯穿整个清华附中的科技教育体系，它由两大板块组成，即面向初中学生的创客板块与面向高中学生的高研板块。创客板块于2013年成立，课程包含两个维度：基础性课程与创客课程。基础性课程包括国家规定放置的学科，结合学校自己编写的"三走进"课程和STEM课程等，围绕相关主题为学生提供丰富的课程资源，如跟着贝尔学净水、鸟瞰地球、A4纸中的科学与数学、未来太空学者等。其中"三走进"课程的学习是全体学生利用每周三下午的第二、第三节课走进实验室、科技馆、大学、动物园、圆明园等场地，以实地考察与实践的方式从做中学，学中做，培养学生的动手实践能力，达到知行合一。

"三走进"课程

序号	主题	课程	人数	序号	主题	课程	人数
1	走进圆明园	圆明园地名研究	15	16	走进创客	机器人课程	15
2		西方文化在圆明园中的体现	15	17		游戏化编程课程	40
3		圆明园与苏州园林的比较研究	15	18		产品设计课程	15
4		测量圆明园	15	19		航空模型课程	20
5		感悟圆明园	15	20		多旋翼无人机	20
6		规划圆明园	15	21		走进清华 i center	30
7		探索圆明园	30	22	走进科学	走进动物园	15
8		当圆明园遇见凡尔赛宫	15	23		科技馆生物课程	15
9		圆明园英文导览册制作	15	24		科技馆物理课程	15
10		圆明园建筑中的传统文化	15	25		中科院海洋课程	30
11		圆明园鸟类栖息地类型与种类分布情况调研	15	26		中科院动物课程	30
12		圆明园选址及布局中的风水因素	15	27		中科院植物课程	30
13		圆明园与第二次鸦片战争	15	28		探索地球课程	20
14		圆明园景点命名研究	15	29	走进艺术	走进清华美院	15
15		GIS在圆明园土地利用中的应用	15	30		戏剧入门课程	20
				31		教育剧场课程	20
				32	走进社会	ESD可持续发展课程	20

学生进入初二年级后，学校会组织开展各种课题研究，项目的选题、开题、中期研究等过程均配备相应的老师进行指导，学生在这个过程中完成一篇较高质量的论文作为结业成绩，同时也极大地开阔了学生的眼界与知识广度，引导一部分学生成为THmakers。

清华附中还开发了许多基于多元智能实验室的STEM系列课程，包括六大领域：①设计思维，如DI创新思维；②开源项目，如Scratch编程；③科学探究，如化学的味道和生命科学探索；④智能制造，如3D天地和物联网；⑤艺术创造，如纸的艺术和沙盘世界；⑥特色专题系列，如雾霾测试仪和演讲艺术等。此外还有综合项目，比如能源与材料、结构与机械、电子与控制、自然与环境等模块。同时，清华附中还开设了多元化的课程，比如领导力课程、职业生涯规划课程、校外考察课程、社会服务性学习课程、由学生自主选择内容并自主授课的学生自创课程等，有利于激发学生兴趣，引导学生了解真实社会，积累生活经验，增强使命感和责任感等。

面向高一、高二学生开设的高等项目研究实验室（简称"高研实验室"）的选修课于2015年启动。高研实验室为学生搭建了一个

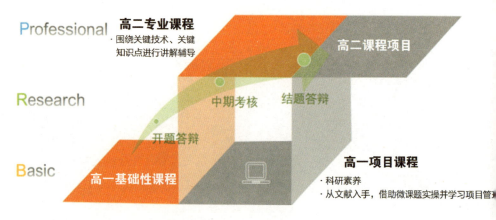

高研实验室BRP课程体系

2019—2020学年高研课题名称	开题、结题情况
一种基于层析法的菠萝蛋白酶提取及其热稳定性研究	已结题
强化聚乙烯塑料降解的微生物群落构建	已结题
Unic Acid Explorer and Terminator	已结题
变废为宝：利用活性污泥生产生物可降解塑料	已结题
过表达cobRNST基因提高大肠杆菌对钴离子的耐受性研究	已结题
炭疽毒素受体1介导的塞内卡谷病毒黏附和脱壳的动力学研究	已结题
DNA折纸结构分级自我组装的最适条件探究	已结题
草莓倍性对于其维生素含量的影响	开题
pH值对多环芳烃厌氧生物降解的影响	开题
黑曲霉降解聚苯乙烯能力的影响因素及培养条件优化	开题
不同pH值和温度条件下干酪乳杆菌发酵发芽薏米对其蛋白质含量的影响	开题
利用水熊虫CAHS和SAHS蛋白保存工程菌	开题
抗菌肽PFP101的表达、纯化及活性研究	开题

2019—2020学年部分学生的高研课题名称

高端的科学研究平台，鼓励中学生开展相关科研实践与训练，这与大学生研究训练（SRT）计划相似，由有硕士、博士学位的老师辅导学生进行个性化研究。

　　高研实验室为每一个高研学生制订了为期2年的培养计划——BRP（Basic Research Professional）体系，立足于基础性课程，以相关研究课题为纽带，学生对某些专业领域进行深入研究以期达到准专业水准。在这个课程体系中，学校在高一上学期开设与学生选择的研究领域相关的基础性课程，以项目制方式进行，通过完成教师设计的项目或半开放的项目，让学生掌握该领域的基础知识、基本技能和研究方法。高一下学期，教师带领学生以完成一个项目的方式，从查阅文献到实验设计与实施再到数据处理与分析、得出结论与写出研究报告等，培养学生掌握基本的科研方法与素养，与此同时指导学生进行项目开题答辩。高二全年主要以开放型项目研究为主，上学期围绕学生项目中的关键技术、关键知识点进行专业课程学习与研讨，下学期完成项目课题研究、论文撰写及结题答辩等。每年一度的高中开题、结题答辩会已成为清华附中学生的科技大会，学生在大会上对科研成果进行结题展示与答辩，对拟研究问题进行开题答辩，同时邀请科研院所、高科技公司等专家学者对项目进行评价与指导。

在清华附中，每年有200多名学生报名参加高研课程，其中约120多人能报名成功，分别进入机器人与自动化、能源系统、资源环境与地理信息、计算机科学、化学分析和生命科学6个实验室学习，最后约60人能通过论文和结题答辩。这些学生每周有一晚相聚，再加上中午、周末和寒暑假的时间，为自己的研究课题花费了不少时间，但并没有影响他们的成绩。2020年共有49人通过高研课程结题答辩，他们的高考平均分为662分，其中18名学生被清华大学、北京大学录取，680分以上有20人。这些学生不仅成绩好，也掌握了发现问题和解决问题的能力，学会了自学和坚持，有清晰的自我认知，进入大学后目标明确，项目制学习和研究帮助他们找到了人生之路的方向。

王殿军与清华附中的老师们认为，在这一教育改革探索中，评价体系是关键，改变传统的以考试评估学生的方式，采用过程性评价和多元化评价才能确保STEM教育实现其价值。比如让学生设计火箭，火箭能否成功发射以及射程高低只是评价的一部分，更重要的是关注在设计火箭的过程中，学生应用知识和解决问题的思路，以及与团队合作的能力等综合表现，因而不一定火箭发射成功的小组就一定比发射失败的小组得分高。清华附中研发了基于行为记录大数据的K12学生综合素质评价系统，包括9个模块和46个维度。每条记录关联多个标签，记录学生整个成长过程的大数据，生成每个学生的"数字画像"，在此基础上建设了一套逐渐完善的学校综合评价运行管理制度，已实践了十年。这样一来，评价体系就从对学生成绩的统计分析转向了对学生全面发展和学校育人管理工作的统计分析。王殿军拥有十足的热情，以评价体系的改变去推动育人观念和模式的变革，以及根据全方位真实可靠的中学生大数据记录去推动高校招生个性化选拔。

评价指标体系

诚信道德	学业水平	身心健康	艺术素养	组织协调能力	活动实践	个人成长	集体奖励	其他
道德奖励	学业成绩百分制	《国家学生体质健康标准》	才艺奖励	班内任职	活动实践奖励	学术志趣及偏好发展	班集体奖励	好人好事
失信扣分	学业成绩五级制	身体机能	艺术成果展示	校团委学生会任职	党团活动	艺术素养及特长培养	社团集体奖励	
纪律处分	学业成绩二级制	运动技能		学校社团任职	社团活动	体质健康与体育锻炼		
违法犯罪	作业表现	体育奖励		社会工作	生产劳动	感动感悟与交流沟通		
社会公益及志愿服务	课堂表现				勤工俭学	读书分享与人文思索		
班级值日	课堂考勤				军训	阶段小结与个人反思		
课程班值日	学业奖励				参观学习			

把项目制教学作为实施未来教育的突破口

公立学校全科班育人的范式突破

"这是我们班学生今天送给我的。"我到深圳实验学校小学部采访时，全科班的孙丽静老师向我展示食指上佩戴的"蚕丝戒指"，一脸自豪地说，"三年级的学生在'蚕'的主题课程中自己种桑树、养蚕，看着蚕宝宝结茧，然后再到抽丝剥茧，用自制的小工具纺成丝。这枚小戒指就是学生用自己制作的蚕丝做成的。在这个过程中他们还学会了欣赏丝绸文化"。

谈到中国基础教育的创新，全科教学并不是一个新词。在课程改革的探索道路上，我国已有不少小学进行过各种全科课程教学的尝试，而深圳实验学校小学部的全科班就是其中的一个领航者。究竟全科教学应该如何开展？全科教学与应试教育是否相悖？带着这些疑问，我来到了这块孩子们称为"筑梦乐园"的教学改革试验田，采访了几位目前正在深圳实验学校小学部全科班任教的老师。

作为深圳特区成立后兴办的第一所公办学校，深圳实验学校在深圳乃至全国教育界有着重要的影响力。该校老师发现，学生们进入小学后，"玩"和"学"之所以逐渐割裂，主要是由分科教学导致的。"这个铃声一响，语文课结束了，那个铃声一响，数学课结束了。这些学科的各自逻辑、各个系统都是不一样的，学生在课堂上所学的知识并没有被整合起来，而我们搞全科班就是要打破这种界限。"姜浪老师解释道。早在2014年，深圳实验学校小学部就决定在小学低年级开展全科教学尝试，如今这套教学系统已日渐成熟，深受家长和学生的喜爱，也为其他基础教育学校津津乐道。

目前该校小学部全科班在小学一至三年级设置，每个年级设有两个班。除了小部分课程按国家教材规定的基础性课程单独教授外，其他课程均由各学科老师共同备课并开展教学。老师们解释，全科班的课程并不是要打破国家教材体系，而是将原本教材里的课程内容重新整合优化，减少重复练习，把节省出来的时间用新的内容模式来开展教学，从而使学习变得更加丰富充实、生动有趣，让学生在项目制教学中深化对知识的探究和掌握，使学习内容更贴近生活，各个学科不再像传统分科教学那样割裂，而是有机地结合起来。

比如在"虫之美"的主题课程中，各学科老师围绕"虫"字从各自学科的角度参与进来，一起讨论备课，共同完成集体设计的全学科教学的安排，在两个月时间里，引导学生进行各种各样关于"虫"的探究。

在语文课程中，学生研究了"虫"字的演变历史，学习了"虫"字的甲骨文、篆体、楷体等变化特点；以"虫字开花"的方式，对虫字旁的汉字进行说文解字；由老师列出"虫"的主题书单，学校购买书籍供学生自由借阅，一个半月后不少学生的相关阅读量竟达到90本以上；在阅读后，学生还会在老师的指导下写简单的读书笔记，让阅读留下痕迹；此外，老师还会安排开展关于"虫"的诗词创作等教学活动。

在数理科学课程中，则安排了"夜探虫虫王国"的活动，带领学生造访"虫"的世界。紧接着，学生还要亲自饲养某一种虫，例如蝈蝈、蚂蚁、螳螂、蜘蛛等。抱着养了"宠虫"就要负责到底的态度，学生需要对"虫"的饲养条件、生活习性、食物等进行充分的了解。老师会引导学生对虫进行仔细的"体检"观察，测量虫的长、宽、高、重量，观察虫的进食、粪便、活动等健康情况。这些数据由学生自己测量记录，同时学生结合绘本阅读去了解更多数据，比如盲蛛的大小、蟋蟀一分钟叫多少次等。另外，学生还得进行数据整理和分析，比如绘制条形统计图，统计班里同学的养虫情况，甚至还要和隔壁班的养虫情况作对比；思考如何在不同条件下

"虫之美"数理科学课程内容

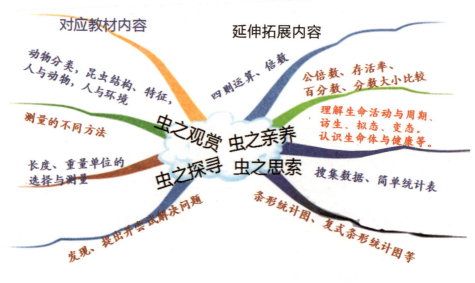

"虫之美"数理科学课程对应教材的内容和延伸拓展的内容

对比养虫的存活率。例如一个小组养了10条虫，死了2条，而另一个小组养了12条虫，死了4条，最后该怎么作存活率对比呢？这本来是六年级才需要学习的知识，可全科班三年级的学生也能学。全科班的老师们相信，在知识产生的自然链接中，没有严格的年龄区分。在这个过程中，学生学习了加减乘除四则运算、计量单位、统计图表、倍数关系等统编数学教材里的内容，以及与昆虫的生活习性、生命周期、身体构造、生存环境等自然生物相关的知识。

另外，其他学科也相应地开展关于"虫"的教学活动。英语老师挑选了有关虫的英文经典作品、诗词和歌曲等，让学生听读吟唱并进行角色扮演，辅导学生用英文书面介绍自己所饲养的虫；美术老师则提供大量昆虫图片和艺术家的昆虫画作供学生欣赏，让学生深入观察后动手描绘出自己饲养的独特的"虫"；音乐老师搜集与"虫"相关的音乐素材，让学生感受不同乐器的表现力；书法老师让学生学习"虫体字"；舞蹈老师用肢体模仿"虫"在不同时期的不同形态；体育老师设计各种与"虫"相关的游戏……不同学科的老师都根据自己的理解围绕"虫"来设计课程，让学生开阔视野。

通过全科教学的方式，原本单一、松散的知识点在相应的主题大背景下变得生动有趣，形成紧密联系的逻辑关系，变得有条理、有框架、有体系；知识产生的过程也演变成由学生自己在开展项目探究的过程中去体验、发现和归纳出来，更容易被学生理解和吸收，回归到学生对学习最本源的动力——兴趣上来。"这个年龄段的学生还是以具象思维为主，他们要在直观的现实生活和体验之中去思考、去解决问题、去合作探究，而不仅是把知识提炼成一个非常抽象的概念和数据，再反复背诵、刷题。那样的话，所培养的只是一种机械地学习的能力，跟我们所希望培养的创新能力就大相径庭了。" 全科班老师周其星解释道，"我们要帮助学生找到知识的规律和章法，将零碎的知识点连成一体的知识面。就像抬头看星空，如果我们什么都不懂，那么只能看到星星点点，但如果你认识了星座再去看，就会领略到不一样的世界。" 基于生活体验开展自主探究学习，让丰富的知识隐含在与学生生活密切相关的项目中，学生自然而然地就会喜欢学习这些有趣的知识，而不是死记硬背单向输入的抽象知识。

深圳实验学校小学部教导主任、全科班创始人之一的吴珂老师跟我分享，在她看来，教学主题只是一个载体，更重要的是让学生在进行探究的过程中不仅学到了知识，更增强了学习兴趣和学习动机，学会了提出问题和自主探究，还培养了自信心、创造力、思维能力、解决问题的能力、沟通表达的能力、团队合作的能力和发展积极情绪等重要素质。与此同时，老师在这个过程中抱着极大的热情投入，成为学生探究的伙伴，既密切了师生关系，又可以与学生共同学习成长。

孙丽静老师与我分享了她在全科班教学中的亲身经历，解开了我心中对于全科班出来的孩子有什么不一样的谜团。她来深圳实验学校小学部任教的第二年，接的就是经历第一届全科班教学出来后开学平行并轨到四年级的学生，当时孙丽静老师对全科教学并不熟悉，但那些学生在课堂上的表现让她大为惊喜。"我觉得他们有点不一样，是那种眼里有光，心里还有梦的感觉。"孙丽静老师回忆，这些学生会和她在课堂上辩论，有什么问题从来不掩盖自己的想法，敢于表达。"在一次博物馆教育课程中，我提出让学生进行一项关于青铜器的研究，结果学生立刻自己分好了组，各组很快就提出了研究的问题，自行根据各自优势进行组内工作分工，一周后就做好了用于展示介绍的PPT，然后侃侃而谈作介绍。我当时既震惊又欣喜。这个过程我什么都没干，就是个旁观者，这些学生太了不起了。"几位老师兴奋地向我介绍，全科班的学生做思维导图和PPT的能力非常强大，经常是老师在上面讲课，学生在下面就把思维导图画好了。学生常在班上或去其他低年级班级巡讲自己的项目，因此，语言表达能力、沟通能力和自信心都有了很大的提升。另外，全科班的教学方式也有利于学生情感的发展，由于日常大量接触的都是花草树木，他们打心眼里热爱大自然，热爱动植物，也通过项目合作学会了与同学友好相处。

李湘老师和吴珂老师是第一届全科班开办时的两位核心老师。李湘老师开设了非常有趣的"二十四节气"课程，比如在"虫"的主题课中，她选取了相应节气中最有代表性的几个，还把各类虫子在这些节气的典型变化归纳提炼，制作了一张简易的物候表，此外，她还将不同节气里面的草木枯荣融入其中。"我们的课程所依托的一个大体原则是时间。首先是学生成长的时间，教育应该遵循学生成长的规律；其次是知识传递的时间，主题课程基本以时间为大背景进行，比如养蚕时就要留心它的春生夏长，把握好这个季节，过了就不行。"除此以外，全科班还开展了生涯教育课程、时间管理课程等，让学生从小学会自我管理，更好地发现自我，长大后就更有可能过上幸福的人生生活。

访问中，我提出了许多家长的疑虑：按照项目制教学的方法，如何考核孩子们小学阶段对知识的掌握程度？老师们解释，全科班采取的是任务驱动考核，给予学生过程性评价和多元化评价。清晰的评价维度可以给学生充分的指导，让学生知道什么是好的表现、成果，什么是不能接受的表现、结果，并对照自己和同伴的行为，引发学生反思，引导学生有更深层次地探讨和成长。

"创新素养"表现性评价量表

阶段和维度	好奇心	求异	探究
一上 初级（1）	我喜欢发现，每天都提出各种问题	我不简单重复别人的想法，有思考不同的看法	我愿意想办法试着解决问题
一下 初级（2）	我喜欢发现，能提出别人想不到的问题	我能独立思考，尝试比较，说出不同的看法	我喜欢自主，尝试各种办法解决问题
二上 中级（1）	我经常有新发现，并提出有意思的问题	我想问题喜欢有新点子，能大胆说出来	我对别人的结论打个问号，自己想办法尝试
二下 中级（2）	我对周围很好奇，爱联想，能提出有价值的问题	我敢向权威提出不同看法，也能听别人不同的观点	我不怕问题和困难，喜欢试着检验自己的想法
三上 高级（1）	我喜欢研究新事物，还把新点子写出来、画下来	我敢对书上说的提出疑问，从别的角度去思考	我不怕麻烦，想办法把点子变成现实，看看怎么样
三下 高级（2）	我对不同的人和事感兴趣，喜欢发现容易被忽视的问题	我不盲从，喜欢多角度思考问题，琢磨道理	我对坚持研究一项内容一直都有热情

全科班也有纸笔考试，但不会像传统方式那样以一次期末考试的成绩作评判。"期末考试有时可能有一个月那么长，包括制作一件作品、解决一个问题或开展一系列的综合实践活动。学生养的蚕怎么样，做了什么分享，课堂上的表达及表现，与同伴的合作等，每一次都有记录，这些都是作为学期末主题课程的评价基础。除了

老师评价，还有小组评价，同伴评价，甚至还有亲友评价。"全科班的期末考试变成形式多样且有趣的游戏，老师为了考查学生的综合素养，在设计时也颇费心思。比如，以野外搭建帐篷来考查学生的动手和合作能力；"实战解疑"三步一米估算篮球场的长度，以及借助不同参照物估测操场跑道的长度；"校园寻芳"——考查学生识别校园树木品种的能力；"情报追踪"的探秘活动，以考查学生的心理素质和解决问题的能力；还有为某项活动设计一句广告词或编一首小诗来测评学生的语言表达能力……老师们兴奋地告诉我，有不少全科班的家长拿校内其他平行班的试卷给孩子测验，结果全科班学生考出来的成绩也非常优秀，而且各项实际能力明显得到提升，这使家长们的心态随之发生转变，解除了原来的担心疑虑，减轻了焦虑感。

全科班学生的期末考试游戏

从深圳实验学校小学部全科班的探索实践可见，创新教育与应试教育并不相悖，不是水火不容的关系，这一认识对于创新教育的全面实施具有积极意义。"我们认为，保底就是要保住学生能力素养的底，不能功利性地去看待学校教育，只盯着眼前的分数不放。"吴珂老师谈道。"但实际上，综合能力素养好的学生，考试分数都不差，这两者其实并不矛盾。"

采访快要结束时，老师们向我展示了许多学生的项目作品和视频资料。如果不是亲眼所见，我真的无法相信那些是小学低年级学生自己动手做出来的东西。周其星老师展示了在"字成万象"课程中学生们的一些项目成果。在这门课程里，学生们围绕一个字展开，按照自己的兴趣建立学习框架和计划，用想象力勾勒出一个个小世界。学生们笔下的知识是鲜活有趣的，让人感受到他们做这个项目时的愉悦和幸福。"为什么很多接受应试教育的学生好像对教材里的知识没有感觉，那是因为这些看似丰富的知识从来都没有触及他们的心灵。而我们要做的，就是用这种非常真实的、有价值、有意义的生活元素，不断地擦拭他们，照亮他们，让他们感受世界的美好和有趣。"周其星老师自信地说。

深圳实验学校小学部全科班的教学理念是12个字：有爱、有趣、有梦、自由、包容、开放。这个理念渗透在全科教学的课堂中，也融化在全科班每位教师和学生的心里。深圳实验学校小学部执行校长、全科教育理念总设计师顾兵所秉持的全科班设计初衷，是让孩子本该享受生活中美的能力不被掩盖。他想打造一个"教育特区"，转换育人模式的频道，"刷新"孩子的童年，以儿童的眼睛观察世界，以儿童的心灵想象世界，以儿童的方式看待世界，保护他们的好奇心、想象力和创造力，提供空间给他们探索，让他们适应和爱上小学生活，让他们在学习的过程中享受到幸福和快乐，培养出一个个完整的人，从以分数为重选拔学生为主导的教育出发点回归到以儿童全面发展为主导的教育出发点。全科课程的背后，是全科老师们不断刷新教育认知和教学方式的探索与实践，也需要家长们在面向创新教育时迈出勇敢的一步。我们都知道，要向创新迈出一步其实很难，但如果你像我一样看到全科班学生们发光的眼睛和他们在讲台上显露出来的自信，还有全科老师们谈到学生时的自豪感，以及师生共同收获的成就感与幸福感，我相信你也会觉得，纵然面对一路荆棘，也值得我们去尝试和挑战。

项目制教学和问题驱动教学的方式，以及鼓励学生动手实践的原理就好比"在游泳池中学游泳"而不是只在岸上讲解如何游泳，让孩子们在尝试体验中领会学习的意义，能够催生学生学习的动力，激发学习的兴趣和热情。在项目制教学过程中，让学生之间组成背景多元的团队，在老师的辅助陪伴和促进启发下，融合跨学科知识和技能去解决现实问题，使学生的关注点从眼前自身利益转移到运用自己所学解决社会问题上来，老师采纳过程性和多元化评价指标引导学生注意从项目过程中学习。这不仅能够实现个性化学习，而且有利于培养全面发展的人才。

以开放的思维探索创新教育之路

我们憧憬学校教育的未来能够朝着上述理念逐步前行，让更多的学校开展创新教育尝试，但我们也深知真要迈出这一步很艰难。学校教育可以说是迄今变革最慢的领域之一，由于它需要经历很多年才能见成效，而且社会上对应该以什么标准去衡量教育改革的成功，目前又尚无一致认识。因此，无论是校长、老师，还是家长，对待学校教育改革均秉持谨慎态度，不敢轻易迈出探索的脚步。毕竟孩子是家长的心肝宝贝，没有哪位家长愿意拿自己的孩子充当实验的"小白鼠"，也没有哪个学校愿意因此而背负探索失败的骂名。

中国的改革开放之所以取得巨大成功，是因为党和国家领导人以开放的心态面向世界、拥抱未来，大力倡导改革创新的思想与实践，鼓励"摸着石头过河"，放手探索尝试不同道路模式，及时发现总结实践经验，进而在全国推广。无论是农村改革还是城市各行各业的变革，莫不如此。但在教育领域，类似的探索尝试和改革创新却迟迟未能开展，整个教育体系迄今为止没有进行根本性的变革。

毋庸置疑，高考制度是近现代以来最能体现公平原则，也最能被大范围推广的制度，在中国的历史和现实中都有着深厚的渊源和合理性。因此，在没有找到更理想的制度取代它之前，谨慎是必要的，不必去撼动或颠覆整个系统。此外，中国目前的基础教育质量与许多西方国家相比仍具有某些方面的优势，至少不比别国差，对此我们不必妄自菲薄。然而同样毋庸置疑的是，当下那种围绕考试的指挥棒转，强调死记硬背、单纯记忆和强调服从型的教育模式，与未来社会所需要的创新思维模式以及人才素质的要求是相悖的，创新型人才很难在中国现有的教育体系中大量涌现。"为什么我们的学校总是培养不出杰出人才？"这个"钱学森之问"多年来一直在中华大地上回荡。这就把一个关系国家和民族前途命运的尖锐问题摆在了国人面前：如何改革现有的教育制度和体系，使之适应正在和将要发生巨变的时代要求，从而回快培养大批创新型人才？这不仅是学校教育和家庭教育的职责所在，更是整个社会的迫切任务。

政府的职能在于维护和增进广大人民的利益，保障社会各阶层人员的就学、就业和社会阶层的合理流动。为此，我们是否可以逐步推动多元化办学方式和道路的摸索呢？如同解决城镇居民的住房问题，需要政府为困难群体提供经济适用房和廉租房，也需要市场化运作的商品房同时并举。我们可否参考这一思路，留出一片发展多元教育的田地，允许探索多种模式办学，预留更多培养创新型人才的教育空间，以取得经验逐步推动教育体系的有序变革？在保障教育公平的同时，放开一个口子培养拔尖创新人才，探索以全新的体制机制办学是目前提升人才竞争力和综合国力的重大举措。

我们尚不确定哪一种教育创新能在中国行得通并取得理想成效，但只要我们抱着开放的心态，放开一个口子允许进行多元化办学的尝试，相信一定能摸索出一条或多条适合中国国情、行之有效的创新教育之路。

除了教育体系改革刻不容缓外，整个社会文化氛围的改良也至关重要。

以多元化的标准衡量成功，这不仅取决于家庭怎么做，学校怎么做，更需要职场、舆论、政府等与之配合，形成正向的文化氛围，引导全社会用多元化标准去衡量优秀人才和事业成功，树立多元化的标杆导向，让职业不再有高低贵贱之分，只有喜好选择之别；让每个人都能找到和发现自己所喜欢的职业，走自己想走的人生道路。此外，整个社会还应形成鼓励冒险、宽容失败的文化氛围。当下一些企业和社会组织高喊"鼓励创新"的口号，但一旦员工因尝试新技术、新举措而犯了错，就要付出不小的代价甚至受惩罚，此风盛行，谁还敢去做稍微冒风险的尝试呢？久而久之，墨守成规、不敢越雷池半步，不作为、不担责、少做少错、不做不错的惰性文化便会悄然兴起，泛滥成灾。

世界上没有一个国家拒绝创新。但实际上，如果创新创业失败或在职场失意，往往就会被贴上失败者的标签，被"吃瓜群众"的唾液淹没，失去第二次尝试创新创业的机会，谁还敢去冒那个险？而在当今这个巨变时代，不倡导鼓励创新文化的国家、地区或企业，很难走到引领科技进步的前列。因此，我们不仅要在全社会形成鼓励冒险、宽容失败的文化氛围，还要教育培养一代新人、珍惜冒险的机会，不畏惧失败，勇于正视困难和挫折，为跌倒爬起来继续前行者鼓掌致敬！

为适应未来社会发展要求而推进的教育改革确实任务繁重、道路坎坷。唯有以长远的战略眼光，结合愚公移山精神，方能搬走一座座大山，战胜一切艰难险阻，去迎接明天的曙光。我们一定要相信时间的力量，虽然今天很多事情看起来很庞杂宏大，不在我们的掌控之内，但只要我们朝着憧憬的方向，坚持不懈地每天做出一点努力，一定能滴水穿石，集全社会之力而为之，于若干年后欣然完成一场重大的教育变革！让我们一同拭目以待，放眼未来！

盈 思 盈 语

◆绝大多数教育领航者都不约而同地把留给学生自由发展的时间，作为培养创造力和发展人格健全的秘籍。

◆只有交给学生挑战性足够强的问题，才能点燃他们内心的激情，激发他们的兴趣并充分发挥他们的天赋。

◆教育在本质上是一种感染行为，它对孩子在情感、性格和综合素质上的影响，需要在人与人的互动中完成。

◆相当多老师的角色将从知识的传授者转变成学生求学的陪伴者、引导者和促进者，成为关心学生全面成长的人生导师。

◆项目制教学从注重传授知识到关注学生的综合能力和性格养成，是教育改革的一个突破口和抓手。

把项目制教学作为实施未来教育的突破口

与家人在海边享受亲子美好时光

后 记

写给儿子们的一封信

我的宝贝们：

当妈妈提笔写这封信时，已是子夜时分了。钟表的嘀嗒声在静谧的夜间显得分外清晰。

每天早上7点，你们都会欢快地跳到我的身上把我叫醒。在和煦的晨光里，妈妈会陪你们吃早餐，送你们上学，然后回家陪小弟弟去公园。当时针指向9点时，妈妈才开始一天的工作。平时妈妈只要不出差开会，都会尽量赶在下午4点去接你们放学，陪你们嬉闹，和你们一同享受晚餐时与睡觉前的快乐时光。不过，你们可能不知道，每天等你们晚间9点多进入梦乡后，妈妈就会轻手轻脚进去书房，继续工作到深夜一两点钟。是的，在你们的眼里，妈妈的身躯是一个安全的港湾，给予你们暖暖的爱与保护。要知道，妈妈不是虚拟世界里的女超人，没有无限的精力，特别在工作进入繁忙期时，妈妈会累得连讲话的力气都没有，也会在深夜一两点时面对堆积如山的工作感到濒临崩溃。不过无论多忙多累，我都不希望牺牲了陪伴你们的时间，每当会议一结束，妈妈便以最快的速度冲回家陪伴你们玩耍，跟你们分享一天发生的事情，在你们临睡前把你们爱听的故事讲得绘声绘色，陪你们一同在童话世界里漫步，时而兴奋，时而哀伤，时而勇猛，又时而柔软……看着你们三个小宝贝酣然地睡去，这种温馨和甜蜜让我忘记了一天的疲乏，就像一颗糖果，瞬间融化在我的心头。

你们知道吗？在拥有你们三兄弟之前，妈妈是一个十足的工作狂。上紧了发条的我，在生活中除了工作还是工作，那时候妈妈把所有的时间和精力都投入到职场当中，从来没想过，当真正拥有了"妈妈"这个闪光的称呼后，我的生活会发生这么大的改变。自从大哥哥来到我的世界，我才真切感受到那种喜悦和责任感是过去从未有过的。我充分体验了创造和养育三个小生命的神奇与震撼！从前"驰骋"职场的我，又怎会想到自己会爱上"妈妈"这个角色，更想不到还成为三个儿子的妈妈！你们每一个小人儿的诞生都让我学会了尽心尽力去付出无条件的爱，学会放下和牺牲自我。这一过程的确很辛苦，但妈妈还是感到由衷的快乐。你们的每一抹微笑，每一个微小的进步，让我感到所有的付出都是值得的，让我深刻感受作为三个小生命所依赖的对象是一件多么幸福的事情！

从前，我以为只是父母教育孩子，但有了你们后，我发现身为妈妈的我也从你们身上学到了许多，是你们把我变成一个更好的人！是你们让我变得更有创意，更明白在漫漫人生路上要不时停下脚步去欣赏沿路的风景，更懂得了耐心和坚持的意义，更拥有了同理心和爱心，也更加关心我们的未来，从而思忖自己的一言一行可能会带来的后果，慎独而行。

我当然希望你们可以健康快乐地成长。其实，又有哪位父母不希望自己的孩子拥抱幸福欢笑着长大呢？但当今学校的应试教育体系又很容易让父母和孩子掉入竞争的陷阱，沉重的学习任务往往占据了孩子的大部分时光。我记得大哥哥曾说同学们每天放学后还要上很多补习班，晚上将近11点才能睡觉。第二天上学，你发现他们听课时常常犯困打盹，根本无法提起精神。而学习的效果不好，又导致他们需要上更多的补习班……不知不觉就变成了一种恶性循环。我不禁要问，这样的孩子还有欢乐的童年吗？你说你特别珍惜自己现在拥有的这份自由和"留白"的空间，可以有较多玩耍的时间，随心所欲地发挥自己的想象力。

你们都知道，妈妈是个大路痴，经常出门找不到方向。因此每次外出前，总要先做好准备工作，查看手机地图，弄清楚哪条是到达目的地的最佳路线。其实育儿又何尝不是同一个道理？在确认孩子要走的方向和最佳路线后再从容出发，其实至关重要。认清目标才可以减少那些无休止的朋辈压力以及焦虑氛围的负面影响，坚定地走自己想走的路，收获内心的平静与安宁。我一直在思考：究竟我希望你们成为什么样的人，又期待你们未来会走向何方？

妈妈把这些年来的思考和感悟都写在了这本书里。

我给你们的生活"留白"，给你们自由玩乐的空间，鼓励你们多提问，是因为我想呵护你们探索未知的好奇心，启发你们在探索过程中找到自己的兴趣和激情所在；我对你们的事情不过度包办，放手让你们经受历练和失败，把一些事情的决定权交给你们，是因为我想让你们学会自强自立、坚毅果敢，学会自己做决定并承担后果，从而逐步累积自信，在未来面对艰难险阻与困难挫折时不畏惧、不动摇、不气馁；我在陪伴你们的过程中尽量以身作则，是因

写给儿子们的一封信

为我想引导你们养成良好的学习习惯、生活习惯和思维方式，塑造正向的价值观。只有这样，才能更好地帮助你们在充满不确定性和风险暗涌的人生道路上，具有激情、自信、能力和定力，大胆坚韧地前行。

我在今后陪伴你们成长的过程中，将继续一路摸索尝试，努力践行上述理念。你们三兄弟每个人都是独一无二的个体，有着不同的天赋潜能、兴趣爱好、性格特点和学习方式。不论我学历再高，在职场上再成功，当面对你们每一个宝贝时，妈妈都需要从零学起，不断琢磨，对你们采取不同的教养方式。当然，在这个过程中，我免不了会犯各种错误。感恩你们对爸爸妈妈的包容，给予我们各种反馈，和我们一起学习成长，在家庭教育的道路上彼此鼓劲，牵手同行。

你们知道吗？妈妈小时候的世界和我们现在所处的世界以及你们10年、20年后可能面对的世界，是完全不一样的。所以，我只能尽我最大努力与你们一起思考和探讨未来世界可能的样子，帮助你们为应对未来做好准备。但是，未来终究是属于你们的，你们未来要走的路还很长，爸爸妈妈不可能一辈子牵着你们的手领着你们前行。我希望你们可以永远保持对学习的热情，热爱生活，为自己设定有挑战性的、对社会有贡献的目标，并且坚持不懈地为之奋斗，找到一条最适合你们的人生道路，享受内心充盈富有意义的人生。

我在这本书里记录了许多你们的故事，谢谢你们给了我很多灵感、建议和支持。我感恩拥有这么美好的你们，我会竭尽全力培育你们回报这个世界，也期待能把更美好的世界带给你们。这本书献给你们和像你们一样的天下所有的孩子们，希望每一个今天的"小朋友"、明天的"大朋友"都可以健康快乐地成长，找到属于自己的人生之路。在教育的路上，我会继续不停地思考、探索，并认真实践。

妈妈

2021年5月

鸣谢

感谢每一位为这本书贡献独特故事和洞见的《领航者》嘉宾，因为书的篇幅有限，无法容纳一百多位嘉宾的故事与观点，希望在日后出版的书中再继续与大家分享。感谢在《领航者》节目启航时帮助我邀约第一批重量级嘉宾的胡祖六、陈启宗、梁锦松和施宇澄先生；感谢《领航者》的团队和支持者一路走来对我的支持；感谢广东教育出版社领导以及出版团队对这本书的关心、支持和对我提出的高标准要求，帮助我理清写作思路；感谢我的助理苏思雅帮助我整理海量的素材；感谢我的父亲一遍遍不厌其烦地与我讨论书稿的内容，我的母亲帮我翻找小时候大量的照片素材；感谢我的先生在我忙着赶写书稿的时候接过陪伴孩子的接力棒，我的孩子们也给予了我最大的理解支持；感谢每一位鼓励我写这本书的朋友；感谢作为我书稿第一读者的周其星老师、杨芮和朱毅，给予我宝贵的意见反馈；感谢周其星老师启发我的大儿子为本书每个章节作诗；感谢每一位选择阅读这本书且崇尚终身学习并期望做得更好的家长、老师和同学们，让我很幸运有机会在这本书中与你相遇，也期望日后能够相见交流！

希望这本书能为你提供些许对于未来教育的启发，提供些许从现在做起，努力改变自我、改变教养孩子的方式或开启发现自我旅程的灵感和动力！不过，教养孩子这个问题从来没有什么标准答案，每一位家长都有自己的思考感悟和解决的方式方法，因此，这本书的最终主角应该是每一位读者！巴西教育家保罗·弗莱雷（Paulo Freire）曾说过："教育是一种爱的行为，因此也应该是一种勇敢的行为。"选择总是掌握在自己的手上，要走一条跟别人不一样的教育创新之路，需要勇气和决心。只要我们想清楚了对孩子教育的终极目标是什么，相信自然会寻找到属于孩子自己的道路。我期盼听到来自你的故事！

于盈